ALSO BY MARIO BENEDETTI IN ENGLISH

The Truce, *Trans. Benjamin Graham, 1969*

Juan Ángel's Birthday, *Trans. David McMurray, 1974*

Pedro and the Captain, *Trans. Freda Pérez Beberfall, 1985*

Blood Pact and Other Stories, *Trans. Daniel Balderston et. al., 1997*

ALSO TRANSLATED BY CHARLES HATFIELD

When Night Is Darkest: Selected Poems *(Miguel Barnet), 2001*

Little Stones at my Window
Piedritas en la ventana

Poems by
MARIO BENEDETTI

Translation and Introduction by
Charles Dean Hatfield

CURBSTONE PRESS

FIRST EDITION, 2003
Copyright © 2003 by Mario Benedetti
Translation and introduction copyright ©2003 by Charles D. Hatfield

Printed in Canada on acid-free paper by Transcontinental / Best Book
Cover design: Stone Graphics

This book was published with the support of the
Connecticut Commission on the Arts, the
National Endowment for the Arts, and
donations from many individuals. We are very
grateful for this support.

NATIONAL
ENDOWMENT
FOR THE ARTS

A very special thanks to Maria Proser for her assistance in editing this collection.

Library of Congress Cataloging-in-Publication Data

Benedetti, Mario, 1920-
Little Stones at my window = Piedritas en la ventana : poems / by Mario
Benedetti ; translated with an introduction by Charles Dean Hatfield.— 1st ed.
p. cm.
Includes bibliographical references.
ISBN 1-880684-90-X (pbk. : alk. paper)
1. Benedetti, Mario, 1920-   — Translations into English. I. Title: Piedritas en
la ventana. II. Hatfield, Charles Dean, 1977- III. Title.

PQ8519.B292 A24 2003
861'.64—dc21

2002072863

published by
CURBSTONE PRESS   321 Jackson Street   Willimantic, CT 06226
phone: 860-423-5110   e-mail: info@curbstone.org
http://www.curbstone.org

Dedico esta traducción a mis padres
y a la memoria de mis abuelos

To my parents
and the memory of my grandparents

Agradecimientos

Ésta es la primera presentación comprensiva de la poesía de Mario Benedetti para los lectores de habla inglesa. Pensando en ello, he tratado de seleccionar aquellos poemas más representativos del desarrollo tanto como de la escala de la voz del poeta durante sus más de cincuenta años como escritor; mi selección fue hecha primordialmente con aquellos poemas elegidos por Benedetti recientemente para una antología de su mejor obra, *Antología poética* (Casa de las Américas, 1995). Son muchos los que me ayudaron a hacer posible este libro. Mario Benedetti autorizó mis traducciones y la reproducción del texto en español: le estoy agradecido por su cordialidad y su estímulo. A la amabilidad de la Unión de Escritores y Artistas de Cuba (UNEAC) le debo el que como huésped suyo me permitiese descubrir por primera vez la poesía de Mario Benedetti. Brenda Segall leyó mi manuscripto en las primeras etapas y me ayudó a hacer muchos cambios necesarios, y Roger Greenwald me dió muchas lecciones muy valiosas de traducción; tengo una gran deuda con todos mis profesores de la facultad de la Universidad de Toronto. Les estoy agradecido a mis compañeras Emily Bradford y por supuesto Sofía Galadza. Y mi mayor agradecimiento se lo debo a Keith Ellis por su incansable ayuda con este proyecto, y por su continua amistad, inspiración y ejemplo.

Translated by Maria Proser

Acknowledgements

This is the first comprehensive presentation of Mario Benedetti's poetry to English readers. With that in mind, I have tried to select poems that are best representative of the development as well as the range of the poet's voice during his more than fifty years as a writer; my selection was made largely from those poems recently chosen by Benedetti himself for an anthology of his best work, *Antología poética* (Casa de las Américas, 1995).

Many people helped make this book possible. Mario Benedetti authorized the translations and the reproduction of the Spanish text: I am grateful to him for his warmth and encouragement. The Cuban Union of Writers and Artists (UNEAC) graciously hosted me on a trip to Cuba during which I first discovered Mario Benedetti's poetry. Brenda Segall read the manuscript in its early stages and helped make many needed changes, and Roger Greenwald taught me many valuable lessons about translation; I am indebted to all my undergraduate professors at the University of Toronto. I am grateful to compañeras Emily Bradford and (of course) Sofía Galadza. Deepest thanks must go to Keith Ellis, for his tireless help with this project and for his continued friendship, inspiration and example.

Contents

Introducción:
la poesía de Mario Benedetti

Mario Benedetti publicó su primer libro de poesía en 1945, y desde entonces es uno de los poetas más amados y leídos del mundo de habla hispana. No es raro encontrar los versos de Benedetti pintados en las paredes, y los estudiantes universitarios y los taxistas los citan en sus conversaciones. Siguiendo la que es, tal vez, la tradición más característica de las letras latinoamericanas, la carrera de Benedetti pone de manifiesto una relación positiva entre la literatura y la política. Él es un poeta político, un poeta de izquierda, pero su poesía jamás puede ser reducida al sermón político, pues su voz trasciende las causas específicas y los asuntos transitorios. La voz humana (y no una voz política dogmática o didáctica) es la fuerza que impulsa su escritura; promulga constantemente la exploración de la condición humana moderna y la búsqueda de la comunión social, en contraposición a los enormes sistemas y estructuras que separan a la humanidad.

La importancia reconocida—y la popularidad casi inigualada—de la poesía de Mario Benedetti entre los lectores de habla hispana, hacía imperativa una edición en inglés que ya había esperado mucho tiempo. Los lectores de habla inglesa que han apreciado la poesía de César Vallejo, Nicolás Guillén y Pablo Neruda, pueden descubrir ahora una de las voces más distintivas y excelentes de América Latina.

◆

Mario Benedetti nació el 14 de septiembre de 1920, en Paso de los Toros, Uruguay. Sus padres fueron hijos de inmigrantes europeos que se afincaron en ese país. El padre, Brenno Benedetti, trabajó como farmacéutico en Paso de los Toros y más tarde compró su propia farmacia en Tacuarembó; la bancarrota de este negocio obligó a que la familia se trasladase a la capital, Montevideo, en 1924. Después de establecerse en Montevideo, sus padres lo enviaron al prestigioso Colegio Alemán, donde estudiaría cinco

Introduction:
The Poetry of Mario Benedetti

Mario Benedetti published his first book of poetry in 1945 and since
then has become one of the most beloved and widely read poets of
the Hispanic world. It is not uncommon to find Benedetti's poetry
as graffiti on walls, or quoted in conversation by university students
and taxi drivers alike. In that perhaps most characteristic tradition
in Latin American letters, Mario Benedetti's career manifests a
positive relationship between literature and politics. Mario
Benedetti is a political poet, a left-wing poet, but his poetry can
never be reduced to political sermonizing, and his voice transcends
specific causes and fleeting concerns. The human voice, rather than
a dogmatic or didactic political voice, is the driving force behind
his writing; the exploration of the modern human condition and
the search for social communion are consistently enacted in
opposition to the vast structures and systems that separate
humanity.

Given the recognized importance—and almost unparalleled
popularity—of Mario Benedetti's poetry among readers of Spanish,
an English edition of the poetry is fitting, albeit long overdue.
Readers of English who have come to appreciate the poetry of César
Vallejo, Nicolás Guillén, and Pablo Neruda can now discover
another of Latin America's finest and most distinctive voices.

◆

Mario Benedetti was born on September 14, 1920 in Paso de los
Toros, Uruguay. His parents were both the children of European
immigrants to Uruguay; his father, Brenno Benedetti, worked as a
pharmacist in Paso de los Toros and later purchased his own store
in Tacuarembó. The bankruptcy of Brenno Benedetti's pharmacy
forced the family to move to the capital, Montevideo, in 1924.
Having established themselves in Montevideo, Benedetti's parents
sent him to the prestigious Colegio Alemán, where he would study

años. Los estudiantes del colegio estaban divididos en dos grupos: el grupo A para quienes tenían padres alemanes, y el grupo B para quienes no los tenían. Años más tarde, Benedetti diría que "el colegio fue mi primera experiencia de comunicación, de camaradería, porque me sentí profundamente unido a mis compañeros de clase B."[1] Hacia 1933 el nazismo empezó a manifestarse en el Colegio Alemán y, a insistencia de su padre, Benedetti fue sacado del plantel.

Benedetti terminó su educación formal en el Liceo Miranda, a los quince años, y luego empezó a trabajar como vendedor y mecanógrafo en Will L. Smith, S.A., una tienda de repuestos automotrices en Montevideo. Dos años después lo encontramos en Buenos Aires, y es aquí donde él descubre la poesía—empezó a leer los poemas de Baldomero Fernández Moreno (1886-1950), lo cual estimuló su interés por el género. En Buenos Aires empezó a escribir sus primeros poemas y se los dio a Luz López Alegre (con quien se casaría en 1946); muchos de estos poemas se incluyeron en su primer libro de poesía, *La víspera indeleble* (1945). El primer intento poético de Benedetti, del cual sólo se imprimieron mil ejemplares, se vendió muy mal y recibió poca atención de los críticos.[2] El uruguayo ha rechazado en gran parte este primer intento de poesía, y los poemas de la *Víspera indeleble* nunca fueron publicados de nuevo.

Benedetti se convirtió en la figura principal de la Generación del 45 del Uruguay, la cual incluía a escritores como Idea Vilariño, Amanda Berenguer y Humberto Megget. Su segundo libro de poemas, *Sólo mientras tanto* (1948-50), participa del tipo de escritura que producía dicho movimiento y, al mismo tiempo, revela la inconfundible influencia del poeta peruano César Vallejo (1892-1938). Vallejo es el padre poético de Benedetti y sus huellas se encuentran, en diferentes variaciones, por toda la poesía del uruguayo. Por un lado, la deuda de Benedetti con Vallejo es

---

[1] Jorge Ruffinelli, "La trinchera permanente," *Recopilación de textos sobre Mario Benedetti*, ed. Ambrosio Fornet (La Habana: Casa de las Américas, 1976) 34.

[2] Mario Paoletti, *El Aguafiestas* (Madrid: Santillana, 1996) 70. Mis agradecimientos al libro de Paoletti por la información biográfica para esta introducción.

for five years. The students at the school were divided into two groups: an "A" group for those whose parents were German, and a "B" group for those whose parents were not. Later in his life, Benedetti would reflect that "the school was my first encounter with communication, with camaraderie, because I felt profoundly connected to my classmates in the B classes."[1] By 1933, Nazism began to manifest itself at the *Colegio Alemán*, and Benedetti was withdrawn from the school at his father's insistence.

Benedetti finished his formal education at the *Liceo Miranda*, at fifteen, after which he began working a mundane job as a salesman and typist at Will L. Smith, S.A., an auto parts store in Montevideo. Two years later, he was in Buenos Aires, and it was there that Benedetti discovered poetry—he began to read the poetry of Baldomero Fernández Moreno (1886-1950), which ignited his interest in the genre. In Buenos Aires he began to write his first poems and send them to Luz López Alegre (whom he would marry in 1946), and many of these poems were collected in his first book of poetry, *La víspera indeleble* (*The Indelible Eve*, 1945). Benedetti's first attempt at poetry, of which only a thousand copies were printed, sold very poorly and barely received attention from critics.[2] Benedetti largely rejects this first attempt at poetry, and the poems in *La víspera indeleble* have never been published again.

Benedetti came to be a leading figure in the Uruguayan Generation of '45, which included writers such as Idea Vilariño, Amanda Berenguer, and Humberto Megget. His second collection of poems, *Sólo mientras tanto* (*Only in the Meantime*, 1948-50), is characteristic of the kind of writing that was being produced by the movement and at the same time reveals the unmistakable influence of the Peruvian poet César Vallejo (1892-1938). Vallejo is Benedetti's poetic father and his traces are found in different ways throughout Benedetti's poetry. On the one hand, Benedetti's debt to Vallejo is

---

[1] Jorge Ruffinelli, "La trinchera permanente," *Recopilación de textos sobre Mario Benedetti*, ed. Ambrosio Fornet (Havana: Casa de las Américas, 1976) 34.
[2] Mario Paoletti, *El Aguafiestas* (Madrid: Santillana, 1996) 70. I am indebted to Paoletti's book for the biographical information in this introduction.

explícitamente temática, y esta deuda está presente en sus primeros poemas, como en "Ausencia de Dios." Pero, por otro lado, Benedetti eligió situar su escritura en la tradición de Vallejo, en lugar de la de Pablo Neruda: a diferencia de la poesía de Neruda—en la cual Benedetti encuentra que la emoción, el compromiso político y la sensibilidad humana son relegadas a un segundo plano, en relación al complicado acto de la creación poética y a la literatura en sí misma—en Vallejo descubre que "lo más importante suele ser lo que está antes (o detrás) del poema."[3] Por esto, pese a que sus primeras poesías son las que parecen más cercanas a las de Vallejo, la realización de lo que Benedetti considera la influencia más profunda en él viene después, cuando acepta la importancia de su propia humanidad—y su materialización en el compromiso político—como parte estética esencial de su escritura.

A fines de la década de los 40, Benedetti fue haciéndose un escritor profesional al convertirse en colaborador frecuente de la revista uruguaya *Marcha*, junto con sus compañeros de la Generación del 45. Dirigió la revista *Marginalia* y publicó su primer libro de cuentos, *Esta mañana* (1949). En estos cuentos empieza a explorar el mundo alienado de los oficinistas de Montevideo, una exploración que alcanza su plenitud con la publicación de *Poemas de la oficina* en 1956.

Poemas de la oficina dio una fama casi inmediatamente a Benedetti y revolucionó la poesía uruguaya. La primera edición del libro se agotó en quince días. Si bien *Poemas de la oficina* continúa con algunos de los temas principales que se encuentran en *Sólo mientras tanto*, el libro constituye un cambio de rumbo significativo dentro de la misma poesía de Benedetti y de la poesía uruguaya. Antes de *Poemas de la oficina*, la poesía de Benedetti y de la Generación del 45 poco tenía que ver con la realidad socio-política del país.[4] Con *Poemas de la oficina*, Benedetti creó una serie de poemas que tratan directa y explícitamente sobre las vidas de aquellos que conformaban el sector más grande de Montevideo. El poeta, que también había trabajado como burócrata, comprendió

---

[3] Mario Benedetti, "Vallejo y Neruda: dos modos de influir," *El ejercicio del criterio* (México, DF: Nueva Imagen, 1989) 119.

[4] Angel Rama, *La generación crítica* (Montevideo: Arca, 1972) 62-63.

explicitly thematic, and such a debt is present in early poems such as "Ausencia de Dios" ("Absence of God"). But on the other hand Benedetti has chosen to situate his writing in the tradition of Vallejo as opposed to that of Pablo Neruda: unlike Neruda's poetry, in which Benedetti finds that emotion, political commitment and human sensibility take a back seat to the elaborate act of poetic creation and to literature itself, in Vallejo, "what is most important is what is outside (or behind) the poem."[3] Thus, although it is his early poetry which seems to be closest to Vallejo's, the fulfillment of what Benedetti considers Vallejo's deepest influence on him comes later when he embraces the importance of his own humanity—and its materialization in political engagement—as an essential aesthetic component of his writing.

By the end of the 1940s, Benedetti was becoming more of a professional writer as he became a frequent contributor to the Uruguayan journal *Marcha* along with his fellow members of the Generation of '45. He edited the journal *Marginalia*, and published his first collection of short stories, *Esta mañana* (*This Morning*, 1949). In these short stories, he begins to explore the alienating world of the office worker in Montevideo, an exploration which reaches its fullness with the publication of *Poemas de la oficina* (*Office Poems*) in 1956.

Poemas de la oficina almost immediately made a name for Benedetti, and revolutionized Uruguayan poetry. The book sold out its first press run in fifteen days. While *Poemas de la oficina* continues some of the main concerns found in *Sólo mientras tanto*, the book constitutes a significant departure within Benedetti's own poetry and for poetry in Uruguay. Before *Poemas de la oficina*, Benedetti's poetry, and the poetry of the Generation of '45, had little to do with the socio-political reality of the country.[4] With *Poemas de la oficina*, Benedetti produced a series of poems that deal directly and explicitly with the lives of those in Montevideo's largest sector. Benedetti, who had himself lived as a bureaucrat, understood

---

[3] Mario Benedetti, "Vallejo y Neruda: dos modos de influir," *El ejercicio del criterio* (Mexico City: Nueva Imagen, 1989) 119.

[4] Angel Rama, *La generación crítica* (Montevideo: Arca, 1972) 62-63.

las angustias de los mecanógrafos y oficinistas retratados en esos poemas, y su lucha por liberarse y encontrar un sentido a ese trabajo cotidiano y alienante. *Poemas de la oficina* no se centra en las experiencias del ser individual del poeta, más bien concibe al poeta como un ser comunitario. El poemario intenta salvar las diferencias entre el trabajo y el lector, y la poesía se convierte en un sitio para la continuidad y la experiencia comunitaria. Más tarde, Benedetti diría:

Creo que [*Poemas de la oficina*] tiene la novedad de su tema. Era un momento en que los poetas uruguayos escribían casi todos sobre las famosas corzas y gacelas, sobre una fauna y una flora que ni siquiera eran las del país [...]. [El lector] no encontraba temas comunes, casi ni palabras comunes con aquéllas que formaban su lenguaje, que expresaban su vida, sus preocupaciones, sus esperanzas y sus frustraciones. Creo que el mérito que puedan tener los *Poemas de la oficina*, más que literario, es haber intentado llevar ese lenguaje, esas preocupaciones, esa problemática cotidiana, a la poesía.[5]

Después de 1959, la poesía de Benedetti no puede entenderse sin una comprensión básica del impacto de la Revolución Cubana. Para toda una generación de escritores latinoamericanos, incluido Benedetti, la Revolución materializó las esperanzas para la creación de una sociedad nueva y humana, fundada en los principios que integran, en gran parte, a Latinoamérica. Los valores esenciales de la Revolución Cubana tienen su fundamento tanto en Marx como en José Martí, la figura más grande de ese país en la lucha por la libertad en el siglo XIX: la soberanía e independencia de América Latina frente a Europa y Estados Unidos, la creación de una identidad cultural y política original basada en la incorporación de todos los sectores de la población, y la creación de una sociedad fraterna donde el hombre pueda vivir con dignidad. La Revolución

---

[5] Ernesto González Bermejo, "El caso Mario Benedetti," *Mario Benedetti, variaciones críticas*, ed. Jorge Ruffinelli (Montevideo: Astillero, 1973) 26.

the anxieties of the typists and clerks who are the subjects of these poems, and their struggle for freedom and meaning in the face of alienated day-to-day labor.

Poemas de la oficina does not focus on the experiences of the individual self, of the poet, but rather understands the poet as constituting a communal self. The collection attempts to bridge the gap between work and reader, and poetry becomes a location for continuity and communal experience. Benedetti would reflect later that:

> [*Poemas de la oficina*] was a novel thing. It was written at a time when almost all poets in Uruguay were writing about does and gazelles [...] that had nothing to do with the country [...]. In this poetry, Uruguayan readers could not find common themes, not to mention the words that formed part of their own language, that expressed the nature of their lives, preoccupations, frustrations and hopes. What is good about *Poemas de la oficina* is aside from its literary value: it endeavored to infuse poetry with that language, those hopes, those everyday concerns.[5]

Benedetti's poetry after 1959 cannot be understood without even a basic understanding of the impact of the Cuban Revolution. For an entire generation of Latin American writers, as for Benedetti, the Revolution materialized hopes for the creation of a new and humane society founded on principles largely organic to Latin America. The essential values of the Cuban Revolution were informed as much by Marx as by José Martí, the greatest figure in that country's nineteenth-century struggle for freedom: Latin American sovereignty and independence from Europe and the United States, the creation of an original cultural and political identity based on the incorporation of all sectors of the population, and the creation of a fraternal society in which man could live in dignity. The Cuban Revolution proved that immediate, radical

---

[5] Ernesto González Bermejo, "El caso Mario Benedetti," *Mario Benedetti, variaciones críticas*, ed. Jorge Ruffinelli (Montevideo: Astillero, 1973) 26.

Cubana demostró que era posible un cambio inmediato y radical; más aún, fortaleció a América Latina al probar que la posibilidad y el éxito del cambio puede provenir desde adentro y no del exterior. Algunos críticos han caracterizado el cambio en la poesía de Benedetti, después de 1959, como una variación donde lo político reemplaza a lo social. Pero, ya en *Poemas de la oficina*, la descripción esencialista de los oficinistas—como en "Dactilógrafo"—revela la alienación y pérdida de humanidad de los trabajadores como resultado de su servidumbre al sistema capitalista. Después de 1959, lo que sucede en la poesía de Benedetti no es una comprensión de la condición humana en términos políticos, sino un cambio en el papel del poeta y de la poesía misma. En *Poemas de la oficina*, el poeta asume implícitamente que las cosas no deben ser como son; en los poemas posteriores a 1959, abraza la posibilidad de que la poesía ayude a conseguir el cambio. En términos más simples, el cambio va de lo descriptivo a lo preceptivo; tanto en "El verbo" como en "Arte poética" hay un llamado para hacer un nuevo tipo de discurso poético. La ruptura con lo que sería una compresión aristotélica del discurso poético, da paso a una definición del discurso poético en el cual éste deviene un arma. No basta que la poesía hable de cómo debería ser el mundo: debe desempeñar una misión para hacer realidad ese mundo.

Después de 1959, la poesía de Benedetti intensifica su enfoque uruguayo y, al mismo tiempo, elabora una visión integral como la de Fanon sobre los "condenados de la tierra," los cuales son víctimas frecuentes de las fuerzas opresivas del capitalismo y el imperialismo. Benedetti visitó Estados Unidos en 1959, donde había sido invitado a dar unas conferencias en varias universidades. "Cumpleaños en Manhattan" está relacionado con sus experiencias en Nueva York, y el poeta describe sus sentimientos de solidaridad con los negros y los inmigrantes hispanos oprimidos que él encuentra. Años más tarde, reflexionando sobre el viaje a Estados Unidos, Benedetti comentó que:

> [R]ecuerdo que en Washington, conversando con un
> poeta negro, profesor, me contó su asombro por la
> preocupación que tantos latinoamericanos demostraban
> por el tema negro: "Cada vez que viene un

change was possible; moreover, it empowered Latin America because it showed the possibility for, and success of, change that came from within rather than from without. Some critics have characterized the shift in Benedetti's poetry after 1959 as one in which the social gives way to the political. But in *Poemas de la oficina* the essentialist description of the office workers—as in "Dactilógrafo" ("Typist")—already understands the workers' alienation and loss of humanity as a result of their servitude to a capitalist system. What happens in Benedetti's poetry after 1959 is not an understanding of the human condition in political terms, but rather a shift in the role of the poet and of poetry itself. Implicitly in *Poemas de la oficina*, the poet assumes that things should not be as they are; in the poetry after 1959, the possibilities of poetry to help bring about change are embraced. In the simplest terms, the shift is from descriptive to prescriptive; in Benedetti's "El verbo" ("The Word"), as in "Arte poética" ("Ars Poetica"), there is a call for a new kind of poetic discourse. The break with what would be an Aristotelian understanding of poetic discourse gives way to a definition of poetic discourse in which it is like a weapon. It is not enough for poetry to speak of the world as it should be; it must function to bring that world about.

After 1959, Benedetti's poetry intensifies its Uruguayan focus and at the same time develops a comprehensive Fanon-like vision of "the wretched of the earth" who are common victims of the oppressive forces of capitalism and imperialism. In 1959, Benedetti visited the United States where he had been invited to lecture at several universities. "Cumpleaños en Manhattan" ("Birthday in Manhattan") relates to his experiences in New York, and the poet describes his feelings of solidarity with the oppressed blacks and Hispanic immigrants he sees. Reflecting on the trip to the United States some years later, Benedetti remarked that :

> I remember that in Washington, while I was talking with a black poet and professor, he told me how surprised he was to discover the interest that Latin Americans seemed to have for the status of blacks in the United States. "Each

latinoamericano me acribilla a preguntas," me dijo, "y me he puesto a pensar a qué se debe esa preocupación. Y creo que encontré la respuesta: es que a ustedes los latinoamericanos, el departamento de Estado los trata también como a negros."[6]

El poemario *Contra los puentes levadizos* (1966) aviva en Benedetti su tendencia hacia una literatura comprometida políticamente; al igual que otros poetas latinoamericanos del siglo XX (como Nicolás Guillén, Ernesto Cardenal y Roque Dalton), el cambio hacia la literatura comprometida se dio no como resultado de una elección consciente para escribir poesía política, sino como una respuesta natural a las crisis contemporáneas nacionales y hemisféricas, como en el poema "Soy un caso perdido." Tal como Benedetti escribió en 1967, en América Latina terminó definitivamente la era del escritor puro, incontaminado [...]. Para su bien o para su mal, el escritor latinoamericano [...] no puede ya cerrar las puertas a la realidad [...] ya que la realidad entrara por la ventana."[7]

Durante la década de los 60 Benedetti vivió brevemente en París y se convirtió en una figura radial de la ORTF, un puesto detentado previamente por Julio Cortázar y Mario Vargas Llosa. Cuando volvió de París, Haydée Santamaría le pidió que fuese a Cuba para ser el primer director del Centro de Investigaciones Literarias de la Casa de las Américas, la organización literaria y cultural más importante de Cuba. En 1967, Mario Benedetti y su esposa se trasladaron a La Habana, donde vivieron, trabajaron y se convirtieron en parte integral de la sociedad cubana hasta 1969.

Aunque Benedetti disfrutó de la euforia y la satisfacción provenientes de participar en una sociedad revolucionaria, esos sentimientos fueron moderados, como se evidencia en el poema "Habanera," que describe alegremente la atmósfera de La Habana y se refiere con orgullo a algunos de los logros de la Revolución, como el programa de alfabetización. El poeta declara orgullosamente

---

[6] Jorge Ruffinelli, "La trinchera permanente" 32.
[7] Benedetti, "Situación del escritor en América Latina," *El ejercicio del criterio* 45.

time I meet Latin Americans, they drill me with questions," he said, "and it's made me wonder why they are preoccupied with this subject. And I think I've found the answer: it's because the State Department treats you like blacks."[6]

The collection of poems *Contra los puentes levadizos* (*Against Drawbridges*, 1966) sharpens the movement towards committed political writing for Benedetti; as for other poets of twentieth-century Latin America (such as Nicolás Guillén, Ernesto Cardenal, and Roque Dalton), a shift towards committed writing occurred not as a result of a conscious choice to write political poetry, but rather as a natural response to contemporary national and hemispheric crises, as in the poem "Soy un caso perdido" ("I'm a Lost Cause"). As Benedetti wrote in 1967, in Latin America "the age of the pure, uncontaminated writer is dead [...]. For better or for worse, the Latin American writer can no longer close the door on reality [...] because reality is breaking through every window."[7]

During the 1960s Benedetti briefly lived in Paris and became a radio personality on the ORTF, a post that had previously been held by Julio Cortázar and Mario Vargas Llosa. When he returned from Paris, Haydée Santamaría asked that he come to Cuba to be the first director of the *Centro de Investigaciones Literarias* at the Casa de las Américas, Cuba's most important literary and cultural organization. In 1967, Mario Benedetti and his wife moved to Havana, where they would live, work and become integral parts of Cuban society until 1969.

While Benedetti enjoyed the euphoria and satisfaction that came with participation in Revolutionary society, those feelings were tempered, as is evidenced in the poem "Habanera" ("Habanera") which joyfully describes Havana's atmosphere and refers proudly to some of the Revolution's achievements such as the Literacy Campaign. The poet proudly declares (against the

---

[6] Jorge Ruffinelli, "La trinchera permanente" 32.
[7] Benedetti, "Situación del escritor en América Latina," *El ejercicio del criterio* 45.

(contra los detractores de la Revolución) que: sin embargo / éste es el mundo por el que peleamos / y a mí no me resulta / inhabitable." Mas el poeta percibe que "no es mi ciudad." Si la Revolución pudo triunfar y tener éxito en Cuba, entonces podría suceder lo mismo en su país de origen; mientras Benedetti veía cómo crecía y florecía la Revolución Cubana, su propio país se sumergía en el caos.

Entonces Benedetti regresó a un Uruguay plagado de tensiones sociales. El año en que él volvió estuvo caracterizado por huelgas de trabajadores, frecuentes luchas callejeras, secuestros y ataques contra bancos.[8] El gobierno ya había impuesto un estado de sitio limitado, y esto dio inicio a una "dialéctica de represión y actividad guerrillera" que permitió al gobierno derechista de Jorge Pacheco imponer una represión continua sobre el pueblo uruguayo y justificar el incremento desmesurado de las acciones violentas antiguerrilleras y "antisubversivas" por parte de los militares.[9] Los Tupamaros (FLN), grupo guerrillero de izquierda, habían ganado bastante apoyo y fuerza; en el año en que Benedetti regresó al Uruguay, los Tupamaros habían tomado brevemente el control de la ciudad de Pando. Durante la violenta represión que siguió, cientos fueron ejecutados y muchos otros encarcelados (incluyendo a Raúl Sendic, fundador principal de la organización). Benedetti respondería ayudando a fundar el *Movimiento 26 de Marzo*, el cual se incorporaría más tarde al *Frente Amplio*, una coalición de grupos izquierdistas del país en la cual él fue miembro del comité ejecutivo. A más de sus actividades políticas durante esos años, Benedetti publicó dos libros de poesía: *Quemar las naves* (1968-69) y *Letras de emergencia* (1969-73). Los poemas de estas dos obras muestran el creciente interés de Benedetti por Uruguay (como el poema titulado "Artigas") y también su visión hemisférica de América Latina y su futuro, como en el poema utópico "Quemar las naves," del libro del mismo nombre. Los poemas escritos durante esos años de intensa agitación social fueron poemas de "emergencia" y, más que nunca, el lenguaje poético cede paso a la acción política

---

[8] Omar Costa, *Los Tupamaros* (México, DF: Era, 1978) 306-10.
[9] Martin Weinstein, *Uruguay: Democracy at the Crossroads* (Boulder: Westview, 1988) 38.

Revolution's detractors): "This is the society we've fought for / and I don't find it the least bit / uninhabitable." But the poet realizes that "this is not my city." If a revolution in Cuba could triumph and succeed, then it could also do so in his home country; while Benedetti saw the Cuban Revolution grow and flourish, his own country was spiraling into chaos.

And so Benedetti returned to an Uruguay rife with social tension: the year of his return was characterized by workers' strikes, frequent street fighting, kidnappings, attacks against banks.[8] The government had already instituted a limited state of siege, and this began a "dialectic of increased repression and increased guerilla activity" which allowed the right-wing government of Jorge Pacheco to continually impose repression on the Uruguayan people and justify increased violent and wide-sweeping anti-guerilla and "anti-subversive" actions on the part of the military.[9] The leftist guerrilla group Tupamaros (FLN) had gained significant support and power; in the year of Benedetti's return to Uruguay, the Tupamaros had managed to briefly seize control of the city of Pando. In the fierce government retaliation that followed, hundreds were executed, while hundreds of others were jailed (including Raúl Sendic, the main founder of the organization). Benedetti would respond by helping found the *Movimiento 26 de Marzo*, which would later incorporate itself into the *Frente Amplio*, a coalition of the left-wing groups in the country in which he was a member of the executive. In addition to his political activities during these years, Benedetti produced two books of poetry: *Quemar las naves* (*Burn the Boats*, 1968-69) and *Letras de emergencia* (*Emergency Letters*, 1969-73). The poems in these two books show Benedetti's increased interest in Uruguay (as in the poem entitled "Artigas") as well as his hemispheric vision of Latin America and its future, as in the utopian poem "Quemar las naves" ("Burn the Boats") from the book of the same name. The poems written during these years of intense social upheaval were poems of "emergency," and more than ever before, "poetic" language takes a back seat to concrete political action.

---

[8] Omar Costa, *Los Tupamaros* (Mexico City: Era, 1978) 306-10.
[9] Martin Weinstein, *Uruguay: Democracy at the Crossroads* (Boulder: Westview, 1988) 38.

concreta. La puntación se omite con frecuencia y el lenguaje es más coloquial que antes. Implícitamente, estos poemas hablan de la dificultad de escribir poesía "hermosa" durante momentos de lucha social.

En 1973 se produjo el momento decisivo en la crisis social de Uruguay: a fines de ese año, el control del país estaba esencialmente en manos militares.[10] A esto siguieron torturas, secuestros y asesinatos, y la persecución de los activistas e intelectuales de izquierda, incluyendo a Benedetti, figura prominente de la izquierda uruguaya. Junto a muchos otros uruguayos, el poeta fue forzado al exilio.

Cuando salió de Montevideo en 1973, se trasladó a Buenos Aires y luego abandonó el país con destino al Perú, pues estaba amenazado de muerte en Argentina. El "escuadrón de la muerte" argentino lo había colocado en una lista negra, y varios de sus amigos que permanecieron en Argentina, pese a la insistencia de Benedetti de que abandonasen el país, más tarde fueron encontrados muertos en las calles de Buenos Aires. Cinco meses después Benedetti fue expulsado del Perú y decidió volver a Cuba, donde permaneció hasta 1980.

Aunque sus libros fueron prohibidos en Uruguay (junto con los libros de José Martí, Antonio Machado y Freud, entre otros),[11] el exilio de Benedetti sería uno de los períodos más productivos de su vida. Después de establecerse en España en 1980, él se transformaría en la voz de aquellos que no podían hablar, sea porque los habían asesinado, encarcelado o porque no los dejaban expresarse bajo el represivo régimen militar del Uruguay. Los artículos periodísticos de Benedetti (escribió con frecuencia para *El País*, el diario más importante de España), combinados con poemas como "Ni colorín ni colorado," documentaron las atrocidades que se cometieron en Uruguay y las difundieron al mundo. De forma parecida, algunos de sus poemas escritos durante el período de la dictadura uruguaya intentan enfrentarse a los esfuerzos del régimen por hacer desaparecer a las personas y a las

---

[10] Henry Finch, "Uruguay," *Encyclopedia of Latin American History and Culture*, ed. Barbara Tenenbaum (Nueva York: Scribner's, 1996) 329.

[11] Weinstein 71.

Punctuation is often omitted, and language becomes more colloquial than before. Implicitly, these poems speak to the difficulty of writing "beautiful" poetry during times of social struggle.

In 1973, push came to shove for Uruguay's social crisis: by the end of 1973, control of the country was essentially in the hands of the military.[10] Tortures, abductions and murders followed as well as the persecution of left-wing activists and intellectuals, who included Benedetti, a prominent figure in the Uruguayan left. Along with many other Uruguayans, Benedetti was forced into exile.

When he left Montevideo in 1973, he moved to Buenos Aires, and then left that country for Peru, escaping assassination in Argentina. He had been placed on a list by the Argentine "death squadron," and several friends who remained in Argentina, despite Benedetti's insistence that they leave, were later found dead in the streets of Buenos Aires. Benedetti was later expelled from Peru after five months and decided to return to Cuba, where he would remain until 1980.

Though his books were banned in Uruguay (along with the books of José Martí, Antonio Machado and Freud, among others)[11] Benedetti's exile would be one of the most productive periods of his life. Having settled in Spain after 1980, he would become the voice for those who could not speak, either because they had been killed, jailed, or were denied speech under Uruguay's repressive military regime. Benedetti's journalism (he wrote frequently for *El País*, Spain's most important daily) combined with poems such as "Ni colorín ni colorado" ("Not Happily Ever After") function to document the atrocities being committed in Uruguay and communicate them to the world. In much the same way, some of Benedetti's poems written during Uruguay's dictatorship attempt to confront the regime's efforts to make people and ideas disappear:

[10] Henry Finch, "Uruguay," *Encyclopedia of Latin American History and Culture*, ed. Barbara Tenenbaum (New York: Scribner's, 1996) 329.
[11] Weinstein 71.

ideas: el mismo acto de escribir tiene como misión derrotar estos esfuerzos, y en poemas como "Me voy con la lagartija," es suficiente escribir sólo los nombres de los amigos que han "desaparecido" o que están en las cárceles.

La poesía del exilio de Benedetti también está macada por un giro hacia adentro que alcanza su clímax con *Vientos del exilio* (1980-81). La nostalgia y la melancolía son los temas principales de este poemario; también es un regreso a los temas que tienen sus orígenes en la poesía de vallejo. En poemas como "Pasatiempo" y "Abrigo" se realiza un contraste trágico—igual que en las "Canciones del hogar" de Vallejo—entre la felicidad y seguridad de la niñez y la brutalidad de la vida adulta.

El amor es un tema principal y recurrente en la poesía de Mario Benedetti: su época de exilio y los años que siguieron atestiguan un aumento en la creación de poemas de amor. Este hecho resalta la forma en que el poeta valora la experiencia amatoria. La mujer es al mismo tiempo material e ideal; el amor ofrece la posibilidad de una comunión tangible y una experiencia trascendente, y enlaza estos dos mundos. En la euforia del encuentro amoroso, en la seguridad de los brazos de su amada, el poeta puede vivir en un mundo que es a la vez tangible y utópico, como en "Utopías," el poema de amor más representativo de Benedetti.

En 1980 se sometió a votación un referéndum sobre el papel político de los militares y fue derrotado por el 57 por ciento.[12] Benedetti pudo regresar al Uruguay en 1985 y empezar lo que él denomina su período de *desexilio*.

Durante la década militante de 1960 y en los años de la dictadura militar, la posición necesaria de los activistas e intelectuales fue de militancia y oposición; durante el período de transición democrática que siguió, lo que se necesitaba era un lenguaje que resaltara el consenso para re-unir a una nación profundamente fragmentada y herida.

Uruguay había experimentado lo peor y, más que nunca, el país se enfrentaba a un futuro incierto. La incertidumbre es el núcleo del poema "Sobrevivientes," en el cual todos y todo están de alguna forma obnubilados por los escombros dejados inmediatamente

---

[12] Finch 329.

the very act of writing functions to defeat these efforts, and in poems such as "Me voy con la lagartija" ("I'm Going With the Lizzard") it is enough to simply state the names of friends who have "disappeared" or who are in jails.

Benedetti's exile poetry is also marked by a turn inwards which reaches its climax with *Viento de exilio* (*The Wind of Exile*, 1980-81). Nostalgia and melancholy are the main themes of this collection; there is also a return themes that have their origins in the poetry of Vallejo. In poems such as "Pasatiempo" ("Pastime") and "Abrigo" ("Shelter") a tragic contrast is made, as with Vallejo's "Canciones de hogar" ("Songs of Home"), between the happiness and safety of childhood and the brutality of adult life.

Love is a main and recurrent theme in the poetry of Mario Benedetti: his time in exile and the years that follow witness an increase in the production of poems about love. This fact highlights the way the poet values amatory experience. Woman is at once material and ideal; love offers the possibility of tangible communion and of transcendent experience and bridges these two worlds. In the euphoria of the amorous encounter, in the safety of his lover's arms, the poet can live in a world that is tangible and at the same time utopian, as in the most characteristic of Benedetti's love poems, "Utopías" ("Utopias").

By 1980, the political role of the military in Uruguay was put to a vote and was defeated by 57 percent.[12] Benedetti was able to return to Uruguay in 1985, to begin what he calls his period of *desexilio*, or un-exile.

During the militant 1960s and during the years of military dictatorship, the necessary mode for activists and intellectuals was one of militancy and opposition; during the period of democratic transition that followed what was needed was a language that emphasized consensus in an effort to re-unite a deeply fragmented and wounded nation.

Uruguay had experienced the worst; more than ever, the country was before an uncertain future. That uncertainty is at the heart of the poem "Sobrevivientes" ("Survivors"), in which everyone and everything are somehow clouded by the rubble left in

---

[12] Finch 329.

después de la dictadura. Lo que es más notable de este poema es la forma en que retrata a toda una nación fragmentada y perdida, pero, al mismo tiempo, en el espacio compartido de la recuperación y la curación.

Los libros de poesía escritos por Benedetti desde su regreso a Uruguay—los más recientes son *La vida ese paréntesis* (1998) y *El mundo que respiro* (2001)—están caracterizados en parte por un retorno a algunos de los temas que se encuentran en sus primeros poemas, como la naturaleza paradójica y enigmática de la existencia, pero también por una profunda nostalgia. El poeta se maravilla con el mundo en el que vive, pero también se indigna ante las injusticias; la poesía última de Benedetti no ha abandonado su naturaleza política, pero se ha alejado de la militancia que la caracterizaba durante las décadas de los 60 y 70.

Benedetti, aproximándose al fin de la que ha sido una prolífica carrera literaria, ha recibido homenajes en todo el mundo de habla hispana y le han otorgado títulos *honoris causa* las universidades de Alicante y Valladolid, en España, y la Universidad de La Habana, en Cuba, dos de sus países adoptivos. En España recibió hace poco el Premio Reina Sofía de Poesía Iberoamericana. Hoy, Mario Benedetti continúa escribiendo poesía, ficción y periodismo, y comparte su tiempo entre Uruguay y España, con Luz, su compañera por más de cincuenta años.

La poesía de Mario Benedetti, reunida en este volumen, refleja una existencia vivida con un compromiso total con la humanidad. Los poemas casi nunca se satisfacen de ser sólo poemas: ellos esperan ansiosamente la realización de "esta urgencia de decir Nosotros."

Charles Hatfield
translated by Patricio Viteri

the wake of the regime. What is most notable about this poem is the way that it at once depicts an entire nation fragmented and lost but at the same time in the shared space of recovery and healing.

The books of poetry produced by Benedetti since his return to Uruguay, most recently *La vida ese paréntesis* (*That Parenthesis Called Life*, 1998) and *El mundo que respiro* (*The World I Breathe*, 2001) are characterized in part by a return to some of the themes found in his early poetry—the paradoxical and enigmatic nature of existence—but also by profound nostalgia. The poet encounters the world in which he lives with wonder, but also with characteristic outrage at its injustices; the late poetry of Benedetti does not abandon its political nature even though it has abandoned the militancy that characterized it during the 1960s and 1970s.

Approaching the end of what has been a prolific literary career, Benedetti has received honors throughout the Spanish-speaking world, and has been the recipient of honorary degrees from the Universities of Alicante and Valladolid in Spain, and from the University of Havana in Cuba, two of his adopted homes. In Spain, he was recently recognized with the *Premio Reina Sofía* for Latin American poetry. Today Mario Benedetti continues to write poetry, fiction and journalism, and divides his time between Uruguay and Spain with Luz, his wife of over fifty years.

The poetry of Mario Benedetti collected in this volume reflects a life lived in complete engagement with humanity. The poems are rarely satisfied to be just poems: they anxiously await the fulfilment of "this desire to say Us."

Charles Hatfield

Piedritas en la ventana

Little Stones at My Window

AUSENCIA DE DIOS

Digamos que te alejas definitivamente
hacia el pozo de olvido que prefieres,
pero la mejor parte de tu espacio,
en realidad la única constante de tu espacio,
quedará para siempre en mí, doliente,
persuadida, frustrada, silenciosa,
quedará en mí tu corazón inerte y sustancial,
tu corazón de una promesa única
en mí que estoy enteramente solo
sobreviviéndote.

Después de ese dolor redondo y eficaz,
pacientemente agrio, de invencible ternura,
ya no importa que use tu insoportable ausencia
ni que me atreva a preguntar si cabes
como siempre en una palabra.

Lo cierto es que ahora ya no estás en mi noche
desgarradoramente idéntica a las otras
que repetí buscándote, rodeándote.
Hay solamente un eco irremediable
de mi voz como niño, esa que no sabía.

Ahora qué miedo inútil, qué vergüenza
no tener oración para morder,
no tener fe para clavar las uñas
no tener nada más que la noche,
saber que Dios se muere, se resbala,
que Dios retrocede con los brazos cerrados,
con los labios cerrados, con la niebla,
como un campanario atrozmente en ruinas
que desandara siglos de ceniza.

ABSENCE OF GOD

I accept that you've left once and for all
for the depths of oblivion that you prefer,
but the better part of your space,
actually the only part of your space,
will always remain in me, suffering,
convinced, frustrated, silent,
in me your still and substantial heart will remain,
your heart, a single promise
in me, wholly alone,
surviving you.

After that imposing and efficient pain,
patiently sharp, of invincible tenderness,
it doesn't matter if I use your unbearable absence
or if I dare to ask if you can be captured
in just one word as before.

What's certain is that you are no longer in my nights
heartbreakingly identical to the others
which I relived searching for you, surrounding you.
There is only the irreparable echo
of my childlike voice, the voice that didn't know.

What a futile fear this is, what a shame
not to have a prayer to chew on,
not to have faith to sink my teeth into,
to have nothing but the night,
to know that God is dying, slipping away
that God is leaving with his arms folded,
with his lips sealed, in a fog
like a bell tower in terrible ruins
running back through centuries of ashes.

Es tarde. Sin embargo yo daría
todos los juramentos y las lluvias,
las paredes con insultos y mimos,
las ventanas de invierno, el mar a veces,
por no tener tu corazón en mí,
tu corazón inevitable y doloroso
en mí que estoy enteramente solo
sobreviviéndote.

It is late. And yet I would give up
all the oaths and rainfalls,
the walls with their insults and comforts,
the windows of winter, and sometimes the sea,
not to have your heart stuck inside,
that inescapable and painful heart
in me, wholly alone,
surviving you.

ASUNCION DE TI

A Luz

1

Quién hubiera creído que se hallaba
sola en el aire, oculta,
tu mirada.
Quién hubiera creído esa terrible
ocasión de nacer puesta al alcance
de mi suerte y mis ojos,
y que tú y yo iríamos, despojados
de todo bien, de todo mal, de todo,
a aherrojarnos en el mismo silencio,
a inclinarnos sobre la misma fuente
para vernos y vernos
mutuamente espiados en el fondo,
temblando desde el agua,
descubriendo, pretendiendo alcanzar
quién eras tú detrás de esa cortina,
quién era yo detrás de mí.
Y todavía no hemos visto nada.
Espero que alguien venga, inexorable,
siempre temo y espero,
y acabe por nombrarnos en un signo,
por situarnos en alguna estación
por dejarnos allí, como dos gritos
de asombro.
Pero nunca será. Tú no eres ésa,
yo no soy ése, ésos, los que fuimos
antes de ser nosotros.

ASSUMPTION OF YOU

For Luz

1

Who would have believed that your gaze
would find itself alone, hidden,
in the air.
Who would have believed that terrible
occasion of being born within reach
of my destiny and my eyes,
and that you and I would go along, stripped
of everything good, of everything bad, of everything,
to bind ourselves in the same silence,
to lean over the same fountain
in order to see ourselves again and again
spying on each other at the bottom,
trembling in our reflections,
discovering, trying to understand
who you were behind that curtain,
who I was behind myself.
And we still haven't seen a thing.
I hope someone will come, inexorably,
I always hope and fear,
to give us a sign,
to place us in a season
and leave us there, like two cries
of astonishment.
But it'll never happen. You aren't that woman,
I'm not that man, we're not those, who we were
before we were ourselves.

Eras sí pero ahora
suenas un poco a mí.
Era sí pero ahora
vengo un poco de ti.
No demasiado, solamente un toque,
acaso un leve rasgo familiar,
pero que fuerce a todos a abarcarnos
a ti y a mí cuando nos piensen solos.

2

Hemos llegado al crepúsculo neutro
donde el día y la noche se funden y se igualan.
Nadie podrá olvidar este descanso.
Pasa sobre mis párpados el cielo fácil
a dejarme los ojos vacíos de ciudad.
No pienses ahora en el tiempo de agujas,
en el tiempo de pobres desesperaciones.
Ahora sólo existe el anhelo desnudo,
el sol que se desprende de sus nubes de llanto,
tu rostro que se interna noche adentro
hasta sólo ser voz y rumor de sonrisa.

3

Puedes querer el alba
cuando ames.
Puedes
venir a reclamarte como eras.
He conservado intacto tu paisaje.
Lo dejaré en tus manos
cuando éstas lleguen, como siempre,
anunciándote.
Puedes
venir a reclamarte como eras.

You certainly were, but now
you sound a bit like me.
I certainly was, but now
I'm in part a product of you.
Not too much, just a touch,
maybe just a faint familiar characteristic,
but maybe something that will make them all embrace us —
you and I — when they think we're lonely.

2

We have reached the neutral twilight
when day and night merge and become one.
No one could ever forget this time of rest.
The sky passes easily over my eyelids,
leaving my eyes free from the city.
Don't think about needles now,
about the moments of sad desperation.
Now there is only naked desire,
the sun that breaks away from its clouds of tears,
your face that hides the night
until it is but a voice, a murmur of smiles.

3

You may want the dawn
when you love.
You can
come and reclaim yourself as you were.
I've kept everything the same.
I'll leave it all with you
when these women come, as always,
announcing your arrival.
You can come and reclaim yourself as you were.

Aunque ya no seas tú.
Aunque mi voz te espere
sola en su azar
quemando
y tu sueño sea eso y mucho más.
Puedes amar el alba
cuando quieras.
Mi soledad ha aprendido a ostentarte.
Esta noche, otra noche
tú estarás
y volverá a gemir el tiempo giratorio
y los labios dirán
esta paz ahora esta paz ahora.
Ahora puedes venir a reclamarte,
penetrar en tus sábanas de alegre angustia,
reconocer tu tibio corazón sin excusas,
los cuadros persuadidos,
saberte aquí.
Habrá para vivir cualquier huida
y el momento de la espuma y el sol
que aquí permanecieron.
Habrá para aprender otra piedad
y el momento del sueño y el amor
que aquí permanecieron.
Esta noche, otra noche
tú estarás
tibia estarás al alcance de mis ojos,
lejos ya de la ausencia que no nos pertenece.
He conservado intacto tu paisaje
pero no sé hasta dónde está intacto sin ti,
sin que tú le prometas horizontes de niebla,
sin que tú le reclames su ventana de arena.
Puedes querer el alba cuando ames.
Debes venir a reclamarte como eras.
Aunque ya no seas tú,
aunque contigo traigas

Although you may not be yourself anymore.
Although my voice may wait for you
alone in its fate,
burning,
and your dream may be just that and so much more.
You can love the dawn
when you want.
My solitude has learned to prize you.
Tonight, another night
you'll be here
and the circle of time will begin to moan again
and my lips will say
this peace now this peace now.
Now you can come and reclaim yourself,
delve into your sheets of happy anguish,
recognize your warm heart without apologies,
the persuaded paintings,
and know yourself, here.
There'll always be some escape to be lived
as well as the time of foam and sun
which remained here.
There'll always be another mercy to be learned
as well as the moment of love and dreams
which remained here.
Tonight, another night
you'll be here,
you'll be warm, within reach of my eyes,
now far away from the absence which isn't ours.
I've kept everything the same
but I don't know just how much the same without you,
without you, promising him cloudy horizons,
without you, reclaiming his window of sand.
You can want the dawn when you love.
You should come and reclaim yourself as you were.
Although you're no longer yourself,
although you bring with you

dolor y otros milagros.
Aunque seas otro rostro
de tu cielo hacia mí.

pain and other wonders.
Although you are another face
of your sky to me.

SUELDO

Aquella esperanza que cabía en un dedal,
aquella alta vereda junto al barro,
aquel ir y venir del sueño,
aquel horóscopo de un larguísimo viaje
y el larguísimo viaje con adioses y gente
y países de nieve y corazones
donde cada kilómetro es un cielo distinto,
aquella confianza desde no sé cuándo,
aquel juramento hasta no sé dónde,
aquella cruzada hacia no sé qué,
ese aquel que uno hubiera podido ser
con otro ritmo y alguna lotería,
en fin, para decirlo de una vez por todas,
aquella esperanza que cabía en un dedal
evidentemente no cabe en este sobre
con sucios papeles de tantas manos sucias
que me pagan, es lógico, en cada veintinueve
por tener los libros rubricados al día
y dejar que la vida transcurra,
gotee simplemente
como un aceite rancio.

SALARY

That hope which could fit inside a thimble,
that high path next to the mud,
that constant dozing off,
that horoscope about a very long trip
and the very long trip with goodbyes and people
and snowy countries and hearts
where each kilometer is a another heaven
that faith in who knows what,
that vow until who knows when,
that crusade for who knows why,
that one who one might have been
with better luck and a lottery,
in short, to say it once and for all,
that hope which could fit inside a thimble
clearly doesn't fit inside this envelope
with the dirty papers from so many dirty hands
that pay me, naturally, every twenty-ninth
to keep the books up to date
and let life pass me by,
dripping away simply
like rancid oil.

EL NUEVO

Viene contento
el nuevo
la sonrisa juntándole los labios
el lápizfaber virgen y agresivo
el duro traje azul
de los domingos.
Decente
un muchachito.
Cada vez que se sienta
piensa en las rodilleras
murmura sí señor
se olvida
de sí mismo.
Agacha la cabeza
escribe sin borrones
escribe escribe
hasta
las siete menos cinco.
Sólo entonces
suspira
y es un lindo suspiro
de modorra feliz
de cansancio tranquilo.

Claro
uno ya lo sabe
se agacha demasiado
dentro de viente años
quizá
de veinticinco
no podrá enderezarse
ni será
el mismo

THE NEW GUY

The new guy
arrives contently
with a smile across his face
his sharp new pencil
and his stiff blue
Sunday suit.
A decent
kid.
When he sits down
he thinks about his servitude,
mumbles yes sir,
and forgets about
himself.
He hunches over his desk
writes perfectly
writes and writes
until
six fifty-five.
Only then
does he take a deep breath
and it is a lovely sigh
of happy exhaustion
of peaceful fatigue.

Of course
we all know
that he hunches over too much
and within twenty years
maybe
twenty-five
he won't be able to stand up straight
won't
be the same

tendrá unos pantalones
mugrientos y cilíndricos
y un dolor en la espalda
siempre en su sitio.
No dirá
sí señor
dirá viejo podrido
rezará palabrotas
despacito
y dos veces al año
pensará
convencido
sin creer su nostalgia
ni culpar al destino
que todo
todo ha sido
demasiado
sencillo.

wearing some grimy
cylindrical pants
and his back will always hurt
in the same place.
He won't say
yes sir
he'll say rotten old man
and slowly chant
bad words
then twice a year
he will think
and be convinced
without believing his nostalgia
or blaming his destiny
that everything
everything has been
too
simple.

DACTILOGRAFO

Montevideo quince de noviembre
de mil novecientos cincuenta y cinco
Montevideo era verde en mi infancia
absolutamente verde y con tranvías
muy señor nuestro por la presente
yo tuve un libro del que podía leer
veinticinco centímetros por noche
y después del libro la noche se espesaba
y yo quería pensar en cómo sería eso
de no ser de caer como piedra en un pozo
comunicamos a usted que en esta fecha
hemos efectuado por su cuenta
quién era ah sí mi madre se acercaba
y prendía la luz y no te asustes
y después la apagaba antes que me durmiera
el pago de trescientos doce pesos
a la firma Menéndez & Solari
y sólo veía sombras como caballos
y elefantes y monstruos casi hombres
y sin embargo aquello era mejor
que pensarme sin la savia del miedo
desaparecido como se acostumbra
en un todo de acuerdo con sus órdenes
de fecha siete del corriente
era tan diferente era verde
absolutamente verde y con tranvías
y qué optimismo tener la ventanilla
sentirse dueño de la calle que baja
jugar con los números de las puertas cerradas
y apostar consigo mismo en términos severos
rogámosle acusar recibo lo antes posible
si terminaba en cuatro o trece o diecisiete
era que iba a reír o a perder o a morirme

TYPIST

Montevideo November 15th
nineteen fifty-five
Montevideo was green in my childhood
totally green, and it had streetcars
Dear Sir
I had a book from which I could read
twenty-five centimeters a night
and after I'd read the night would grow thick
and I'd want to think what it'd be like
not to be, or to fall like a rock into a well
we write to you because today
we debited your account
who was it oh yes my mother would come near me
and turn on the light and don't be scared
and afterwards she'd turn it off before I'd go to sleep
the payment of three-hundred twelve pesos
to the firm of Menéndez & Solari
and I would only see shadows that looked like horses
and elephants and monsters that looked like men
and yet that was better
than thinking of myself without a hint of fear
having disappeared as people do
in accordance with your request
of the seventh of this month
it was so different it was green
totally green, and it had streetcars
and how optimistic I felt looking out of my window
to feel like the owner of the street below
to play with all the closed doors
and bet with yourself on the worst terms
we ask that you acknowledge receipt of this letter
if I ended up with four or thirteen or seventeen
it was because I was going to laugh or lose or die

de esta comunicación a fin de que podamos
y hacerme tan sólo una trampa por cuadra
registrarlo en su cuenta corriente
absolutamente verde y con tranvías
y el Prado con caminos de hojas secas
y el olor a eucaliptus y a temprano
saludamos a usted atentamente
y desde allí los años y quién sabe.

as soon as possible so that we might
and I'd cheat myself just once each block
register it with your current account
totally green, and it had streetcars
and a park with paths of dry leaves
and a smell of eucalyptus and the morning
sincerely yours
and since that time the years have passed and who knows.

LICENCIA

Aquí empieza el descanso.
En mi conciencia y en el almanaque
junto a mi nombre y cargo en la planilla
aquí empieza el descanso.
Dos semanas.

Debo apurarme porque hay tantas cosas
recuperar el mar
eso primero
recuperar el mar desde una altura
y hallar toda la vida en cuatro olas
gigantescas y tristes como sueños

mirar el cielo estéril
y encontrarlo cambiado
hallar que el horizonte
se acercó veinte metros
que el césped hace un año era más verde
y aguardar con paciencia
escuchando los grillos
el apagón tranquilo de la luna.

Me desperezo
grito
poca cosa
qué poca cosa soy sobre la arena
la mañana se fue
se va la tarde
la caída del sol me desanima
sin embargo respiro
sin embargo
qué apretujón de ocio a plazo fijo.

TIME OFF

My vacation starts today.
In my mind and on my calendar
next to my name and position on the payroll
My vacation starts today.
Two weeks.

I've got to hurry because there's so much to do
get back the sea
that's first
get back the sea from on high
and discover life in four waves
giant and sad like dreams

I've got to look at the barren sky
and find that it's changed
discover that the horizon
has come twenty meters closer
that the grass was greener a year ago
and wait patiently
while listening to the crickets
for the peaceful blackout of the moon.

I stretch out
I scream
something insignificant
what an insignificant something I am lying here on the sand
the morning's gone
the afternoon's ending
the setting of the sun disheartens me
and yet I breathe
and yet
what a frenzy of leisure this has been for just a few bucks a day.

Pero nadie se asusta
nadie quiere
pensar que se ha nacido para esto
pensar que alcanza y sobra
con los pinos
y la mujer
y el libro
y el crepúsculo.

Una noche cualquiera acaba todo
una mañana exacta
seis y cuarto
suena el despertador como sonaba
en el resto del año
un alarido.

Aquí empieza el trabajo.
En mi cabeza y en el almanaque
junto a mi nombre y cargo en la planilla.

Aquí empieza el trabajo.
Mansamente.
Son
cincuenta semanas.

But no one seems frightened
no one wants
to believe this is what life is all about
to think that all you really need
is pine trees
a wife
a book
and the sunset.

It all ends on a night like any other
on this particular morning
at exactly six fifteen
the alarm goes off as it does
the rest of the year
with a shriek.

I'm back at work today.
In my head and on my calendar
next to my name and position on the payroll.

I'm back at work today.
I have to say it gently.
There are
fifty weeks to go.

CUMPLEAÑOS EN MANHATTAN

Todos caminan
yo también camino

es lunes y venimos con la saliva amarga
mejor dicho
son ellos los que vienen

a la sombra de no sé cuántos pisos
millones de mandíbulas
que mastican su goma
sin embargo son gente de este mundo
con todo un corazón bajo el chaleco

hace treinta y nueve años
yo no estaba
tan solo y tan rodeado
ni podía mirar a las queridas
de los innumerables ex-sargentos
del ex-sargentísimo Batista
que hoy sacan a mear
sus perros de abolengo
en las esquinas de la democracia

 hace treinta y nueve años
allá abajo
más abajo de lo que hoy se conoce
como Fidel Castro o como Brasilia
abrí los ojos y cantaba un gallo
tiene que haber cantado
necesito
un gallo que le cante al Empire State Building
con toda su pasión

BIRTHDAY IN MANHATTAN

Everybody's walking
I'm walking too

it's Monday and we've come here with a bitter taste in our mouths
or better said
they're the ones who've come

to the shade of who knows how many floors
millions of mouths
that chew their gum
and yet they're people of this world
with beating hearts inside their jackets

thirty-nine years ago
I wasn't
so alone and so surrounded
I couldn't even look at the mistresses
of the innumerable ex-sergeants
of that ex-*sargentísimo* Batista
who bring out their well-groomed dogs
today
to piss on the corners of democracy

thirty-nine years ago
down there
further down than what we now think of
as Fidel Castro or Brasilia
I opened my eyes and a rooster was crowing
I'm sure it was crowing
now I need
a rooster that'll crow to the Empire State Building
with all its heart

y la esperanza
de parecer iguales
o de serlo

todos caminan
yo también camino
a veces me detengo
ellos no
no podrían

respiro y me siento
respirar
eso es bueno
tengo sed y me cuesta
diez centavos de dólar
otro jugo de fruta
con gusto a Guatemala

este cumpleaños
no es
mi verdadero
porque este alrededor
no es
mi verdadero
los cumpliré más tarde
en febrero o en marzo
con los ojos que siempre me miraron
las palabras que siempre me dijeron
con un cielo de ayer sobre mis hombros
y el corazón deshilachado y terco
los cumpliré más tarde
o no los cumplo
pero éste no es mi verdadero

todos caminan
yo también camino

and the hope
of seeming equal
or of actually being so

everybody's walking
I'm walking too
sometimes I stop
they don't
they can't

I breathe and feel myself
breathing
that's good
I'm thirsty and it costs me
ten cents
to get another fruit juice
that tastes like Guatemala

this birthday
isn't
my real one
because the world around me
isn't
my real one
will be celebrated later
in February or March
with the eyes that have always watched me
the words that have always been spoken to me
with yesterday's sky above my head
and my heart, frayed and obstinate
I'll celebrate later
or I won't celebrate at all
because this isn't my real one

everybody's walking
I'm walking too

y cada dos zancadas poderosas
doy un modesto paso melancólico

entonces los becarios colombianos
y los taximetristas andaluces
y los napolitanos que venden pizza y cantan
y el mexicano que aprendió a mascar chicles
y el brasileño de insolente fotómetro
y la chilena con su amante gringo
y los puertorriquenos que pasean
su belicoso miedo colectivo
miran y reconocen mi renguera
y ellos también se aflojan un momento
y dan un solo paso melancólico
como los autos de la misma marca
que se hacen una seña con las luces

nunca estuvo tan lejos
ese cielo
nunca estuvo tan lejos
y tan chico
un triángulo isósceles nublado
que ni siquiera es una nube entera

tengo unas ganas cursis
dolorosas
de ver algo de mar
de sentir como llueve en Andes y Colonia
de oír a mi mujer diciendo cualquier cosa
de escuchar las bocinas
y de putear con eco
de conseguir un tango
un pedazo de tango
tocado por cualquiera
que no sea Kostelanetz

and after every couple of determined strides
I take a little melancholy step

and so the Colombian exchange students
and the Andalusian taxi drivers
and the Neapolitans who sing and sell pizza
and the Mexican who learned to chew gum
and the Brazilian with his pushy camera
and the Chilean with her *gringo* lover
and the Puerto Ricans who cruise
through their collective warlike fear
look at me and recognize my limp
and relax for just a second
and take little melancholy steps themselves
like cars of the same make
that flash their lights at each other

that sky
has never been so distant
that sky
has never been so distant and so small
a cloudy isosceles triangle
that's not even a full cloud

I have this ridiculous
and painful longing
to see a piece of the ocean
to feel the rain in Andes and Colonia
to hear my wife say anything at all
to listen to the horns honking
and fuck around with the echo
to find a tango
just a little piece of tango
played by anyone
as long as it's not Kostelanetz

pero también es bueno
sentir alguna vez un poco de ternura
hacia este chorro enorme
poderoso
indefenso
de humanidad dócilmente apurada
con la cruz del confort sobre su frente
un poco de imprevista ternura sin raíces
digamos por ejemplo hacia una madre equis
que ayer en el zoológico de Central Park
le decía a su niño con preciosa nostalgia
look Johnny this is a cow
porque claro
no hay vacas entre los rascacielos

y otro poco de fe
que es mi único folklore
para agitar como un pañuelo blanco
cuando pasen o simplemente canten
las tres clases de seres más vivos de este Norte
quiero decir los negros
las negras
los negritos

todos caminan
pero yo
me he sentado
un yanqui de doce años me lustra los zapatos
él no sabe que hoy es mi cumpleaños
ni siquiera que no es mi verdadero
por mi costado pasan todos ellos
acaso yo podría ser un dios provisorio
que contemplara inerme su rebaño
o podría ser un héroe más provisorio aún
y disfrutar mis trece minutos estatuarios

but sometimes it's good
to feel a bit soft-hearted
towards this huge
powerful
defenseless
force of meekly rushed humanity
bearing the cross of luxury on its forehead
or to feel a bit of unforeseen soft-heartedness
towards some mother, for example
who in the Central Park zoo yesterday
told her son, with the cutest nostalgia,
look Johnny this is a cow
because of course
there aren't any cows amidst the skyscrapers

and another little bit of faith
which is my only folklore
to wave like a white flag
when the three most alive sorts of beings in this North
(that's to say, black men
black women
and black children)
walk past me or just sing

everybody's walking
but I've taken a seat
a twelve year-old yankee is shining my shoes
he doesn't know that today's my birthday
or that it's not even my real one
they're all walking past me
I could be some temporary god
who helplessly watches over his flock
or I could be a hero more temporary still
and enjoy my thirteen minutes as a statue

pero todo está claro
y es más dulce
más útil
sobre todo más dulce
reconocer que el tiempo está pasando
que está pasando el tiempo y hace ruido
y sentirse de una vez para siempre
olvidado y tranquilo
como un cero a la izquierda.

Nueva York,
14 de setiembre de 1959.

but it's all very clear
and it's sweeter
and more useful
but sweeter, above all
to realize that time is moving forward
that time is moving forward and making noise
to feel yourself, once and for all,
forgotten and in peace
like a nobody.

New York,
September 14, 1959

UN PADRENUESTRO LATINOAMERICANO

Padre nuestro que estás en los cielos
con las golondrinas y los misiles
quiero que vuelvas antes de que olvides
cómo se llega al sur de Río Grande

Padre nuestro que estás en el exilio
casi nunca te acuerdas de los míos
de todos modos dondequiera que estés
santificado sea tu nombre
no quienes santifican en tu nombre
cerrando un ojo para no ver las uñas
sucias de la miseria

en agosto de mil novecientos sesenta
ya no sirve pedirte
venga a nos el tu reino
porque tu reino también está aquí abajo
metido en los rencores y en el miedo
en las vacilaciones y en la mugre
en la desilusión y en la modorra
en esta ansia de verte pese a todo

cuando hablaste del rico
la aguja y el camello
y te votamos todos
por unanimidad para la Gloria
también alzó su mano el indio silencioso
que te respetaba pero se resistía
a pensar hágase tu voluntad

A LATIN AMERICAN "OUR FATHER"

Our Father who art in heaven
amidst swallows and missiles
please return before you forget
how to see south of the Rio Grande

Our Father who art in exile
you hardly ever remember my people
but nevertheless wherever you may be
hallowed be thy name
and not those who pray in your name
turning a blind eye
so as not to see misery's dirty nails

in August of nineteen sixty
it's no use praying to you anymore
thy kingdom come
because your kingdom is down here too
with all the hatred and fear
and indecision and squalor
and disillusionment and exhaustion
and this longing to see you in spite of it all

when you spoke of the rich man
the camel and the eye of the needle
and we all voted
unanimously for you and your Glory
the silent Indian also raised his hand
he said he respected you but didn't want
to think thy will be done

sin embargo una vez cada tanto
tu voluntad se mezcla con la mía
la domina
la enciende
la duplica
más arduo es conocer cuál es mi voluntad
cuándo creo de veras lo que digo creer
así en tu omnipresencia como en mi soledad
así en la tierra como en el cielo
siempre
estaré más seguro de la tierra que piso
que del cielo intratable que me ignora

pero quién sabe
no voy a decidir
que tu poder se haga o se deshaga
tu voluntad igual se está haciendo en el viento
en el Ande de nieve
en el pájaro que fecunda a su pájara
en los cancilleres que murmuran yes sir
en cada mano que se convierte en puño

claro no estoy seguro si me gusta el estilo
que tu voluntad elige para hacerse
lo digo con irreverencia y gratitud
dos emblemas que pronto serán la misma cosa
lo digo sobre todo pensando en el pan nuestro
de cada día y de cada pedacito de día

ayer nos lo quitaste
dánosle hoy
o al menos el derecho de darnos nuestro pan
no sólo el que era símbolo de Algo
sino el de miga y cáscara
el pan nuestro

and yet once in a while
your will gets mixed up with mine
dominating it
igniting it
imitating it
it's harder to understand which is my will
or at what times I truly believe what I claim to—
as much in your omnipresence as in my solitude
as much on earth as in heaven—
I'll always
be surer about the ground I walk on
than about the unbearable heaven that ignores me

but who knows
I'm not about to decide
that your might be made or destroyed
your equal will is creating itself in the wind
in the snowy Andes
in the bird that inseminates its mate
in the secretaries of state who murmur yes sir
in each hand that becomes a fist

of course, I'm not sure I like the style
your will chose when it made itself
I tell you this with irreverence and gratitude
two qualities that will soon become one
I tell you this concerned above all with our daily bread
and the bread of each little day

you took away our yesterday
give us this day
or at least the right to make our own bread
not just bread as in a symbol of Something
but bread as in crumbs and crusts
our daily bread

ya que nos quedan pocas esperanzas y deudas
perdónanos si puedes nuestras deudas
pero no nos perdones la esperanza
no nos perdones nunca nuestros créditos

a más tardar mañana
saldremos a cobrar a los fallutos
tangibles y sonrientes forajidos
a los que tienen garras para el arpa
y un panamericano temblor con que se enjugan
la última escupida que cuelga de su rostro

poco importa que nuestros acreedores perdonen
así como nosotros
una vez
por error
perdonamos a nuestros deudores

todavía
nos deben como un siglo
de insomnios y garrote
como tres mil kilómetros de injurias
como veinte medallas a Somoza
como una sola Guatemala muerta

no nos dejes caer en la tentación
de olvidar o vender este pasado
o arrendar una sola hectárea de su olvido
ahora que es la hora de saber quiénes somos
y han de cruzar el río
el dólar y su amor contrarrembolso
arráncanos del alma el último mendigo
y líbranos de todo mal de conciencia
amén.

now that we're left with just a few hopes and trespasses,
forgive us our trespasses
but don't forgive our hopes
don't ever forgive those who trespass against us

tomorrow at the very latest
we're going to charge the two-faced
cowards and the smug fugitives
charge those who can play the harp
and those who have a Pan American trembling they use to wipe off
the last bit of spit that hangs from their forehead

it hardly matters whether or not our trespassers forgive us
since we
once
by mistake
forgave those who trespassed against us

still
they owe us about a century
of insomnia and abuse
about three thousand kilometers of slander
about thirty medals to Somoza
about one dead Guatemala

lead us not into the temptation
to forget or sell off our past
our rent out one single acre of its memory
now it's time to know who we really are
and for the dollar and its nonrefundable love
to cross the river
take from our hearts the last beggar
and free us from a guilty conscience
Amen.

NOCION DE PATRIA

Cuando resido en este país que no sueña
cuando vivo en esta ciudad sin párpados
donde sin embargo mi mujer me entiende
y ha quedado mi infancia y envejecen mis padres
y llamo a mis amigos de vereda a vereda
y puedo ver los árboles desde mi ventana
olvidados y torpes a las tres de la tarde
siento que algo me cerca y me oprime
como si una sombra espesa y decisiva
descendiera sobre mí y sobre nosotros
para encubrir a ese alguien que siempre afloja
el viejo detonador de la esperanza.

Cuando vivo en esta ciudad sin lágrimas
que se ha vuelto egoísta de puro generosa
que ha perdido su ánimo sin haberlo gastado
pienso que al fin ha llegado el momento
de decir adiós a algunas presunciones
de alejarse tal vez y hablar otros idiomas
donde la indiferencia sea una palabra obscena.

Confieso que otras veces me he escapado.
Diré ante todo que me asomé al Arno
que hallé en las librerías de Charing Cross
cierto Byron firmado por el vicario Bull
en una navidad de hace setenta años.
Desfilé entre los borrachos de Bowery
 y entre los Brueghel de la Pinacoteca
comprobé cómo puede trastornarse
el equipo sonoro del Chateau de Langeais
explicando medallas e incensarios
cuando en verdad había sólo armaduras.

A NOTION OF MY COUNTRY

When I reside in this country that doesn't dream,
when I live in this city that never sleeps
but where my wife understands me
and I have memories of my youth, and my parents grow old
and I can find friends on every street corner
and I see trees from my window,
forgotten and clumsy at three in the afternoon,
I sense something surrounding me, squelching me,
as if a dense and critical shadow
were descending upon me and upon us
to harbor that someone who always sets off
the old detonator of hope.

When I live in this city without tears
that has become so snobby,
that has lost all its energy without ever having used it
I think it's finally time
to say goodbye to some presumptions
to move away perhaps and speak other languages
in which indifference is a bad word.

I admit that I've escaped before.
I should tell you firstly that I had a look at the Arno,
that I discovered, in the book stores of Charing Cross,
a certain copy of Byron signed by vicar Bull
at Christmas seventy years ago.
I marched past drunkards in the Bowery,
and amidst Brueghels in the Art Gallery,
I found out how to throw off the sound system
at the Chateau de Langeais
so it would explain medallions and thuribles
where there was only armor.

Sudé en Dakar por solidaridad
vi turbas galopando hasta la Monna Lisa
y huyendo sin mirar a Botticelli
vi curas madrileños abordando a rameras
y en casa de Rembrandt turistas de Dallas
que preguntaban por el comedor
suecos amontonados en dos metros de sol
y en Copenhague la embajada rusa
y la embajada norteamericana
separadas por un lindo cementerio.

Vi el cadáver de Lídice cubierto por la nieve
y el carnaval de Río cubierto por la samba
y en Tuskegee el rabioso optimismo de los negros
probé en Santiago el caldillo de congrio
y recibí el Año Nuevo en Times Square
sacándome cornetas del oído.

Vi a Ingrid Bergman correr por la Rue Blanche
y salvando las obvias diferencias
vi a Adenauer entre débiles aplausos vieneses
vi a Kruschev saliendo de Pennsylvania Station
y salvando otra vez las diferencias
vi un toro de pacífico abolengo
que no quería matar a su torero.

Vi a Henry Miller lejos de sus trópicos
con una insolación mediterránea
y me saqué una foto en casa de Jan Neruda
dormí escuchando a Wagner en Florencia
y oyendo a un suizo entre Ginebra y Tarascón
vi a gordas y humildes artesanas de Pomaire
y a tres monjitas jóvenes en el Carnegie Hall
marcando el jazz con negros zapatones
vi a las mujeres más lindas del planeta
caminando sin mí por la Vía Nazionale.

I perspired in Dakar as a sign of solidarity
I saw mobs racing for the Mona Lisa
and dashing away without seeing Boticelli
I saw priests from Madrid picking up prostitutes
and Dallas tourists in Rembrandt's house
who asked to see the dining room
Swedes crammed into a few spots of sunlight
and the Russian and American embassies in Copenhagen
separated only by a lovely cemetery.

I saw Lidice's body almost covered by the snow
and the carnival in Rio almost covered by the samba
and the furious hope of the Negroes in Tuskegee
in Santiago I tried eel soup
and ushered in the New Year in Times Square
with horns in my ears.

I saw Ingrid Bergman running down the Rue Blanche
and, noting the obvious differences,
I saw Adenauer amidst weak Viennese applause
I saw Khrushchev coming out of Pennsylvania Station
and, again noting the obvious differences,
I saw a bull descended from pacifists
who didn't want to kill a bullfighter.

I saw Henry Miller far from the tropics
with a Mediterranean sunstroke
and took a picture of myself in the house of Jan Neruda
I slept listening to Wagner in Florence
and listening to a Swiss man between Geneva and Tarascon
I saw the heavy and poor artisan women at Pomaire
and three young nuns at Carnegie Hall
tapping their black shoes to jazz
I saw the most beautiful women on earth
walking without me on the Via Nazionale.

Miré
admiré
traté de comprender
creo que en buena parte he comprendido
y es estupendo
todo es estupendo
sólo allá lejos puede uno saberlo
y es una linda vacación
es un rapto de imágenes
es un alegre diccionario
es una fácil recorrida
es un alivio.

Pero ahora no quedan más excusas
porque se vuelve aquí
siempe se vuelve.
La nostalgia se escurre de los libros
se introduce debajo de la piel
y esta ciudad sin párpados
este pais que nunca sueña
de pronto se convierte en el único sitio
donde el aire es mi aire
y la culpa es mi culpa
y en mi cama hay un pozo que es mi pozo
y cuando extiendo el brazo estoy seguro
de la pared que toco o del vacío
y cuando miro el cielo
veo acá mis nubes y allí mi Cruz del Sur
mi alrededor son los ojos de todos
y no me siento al margen
ahora ya sé que no me siento al margen.

Quizá mi única noción de patria
sea esta urgencia de decir Nosotros
quizá mi única noción de patria
sea este regreso al propio desconcierto.

I looked
I admired
I tried to understand
I think for the most part I've understood
and it's marvelous
it's all marvelous
only far away can one truly understand
and it's a lovely vacation
it's a rapture of images
it's a happy dictionary
it's an easy trip
it's a relief.

But now there aren't any excuses left
because it all relates back to this place
it always relates back to this place.
Nostalgia seeps out of books
and plants itself under my skin,
and this city that never sleeps,
this country that doesn't dream,
quickly becomes the only place
where the air mine
the fault is mine
and the sag in the mattress is mine,
and when I extend my arm I'm sure
about the wall I touch, or the emptiness that surrounds me,
and when I look at the sky
over here, I see clouds, and over there, the Southern Cross
everybody's eyes make up my surroundings
and I don't feel as if I'm on the outside
now I know that I don't feel as if I'm on the outside.

Maybe my only notion of my country
is this urgent desire to say Us
maybe my only notion of my country
is this return to the uncertainty itself.

CURRICULUM

El cuento es muy sencillo
usted nace
contempla atribulado
el rojo azul del cielo
el pájaro que emigra
el torpe escarabajo
que su zapato aplastará
valiente

usted sufre
reclama por comida
y por costumbre
por obligación
llora limpio de culpas
extenuado
hasta que el sueño lo descalifica

usted ama
se transfigura y ama
por una eternidad tan provisoria
que hasta el orgullo se le vuelve tierno
y el corazón profético
se convierte en escombros

usted aprende
y usa lo aprendido
para volverse lentamente sabio
para saber que al fin el mundo es esto
en su mejor momento una nostalgia
en su peor momento un desamparo
y siempre siempre
un lío

entonces
usted muere.

CURRICULUM VITAE

It's quite a simple story
you're born
you agonizingly contemplate
the red-blue tint of the sky
the migrating bird
the ungainly beetle
that your shoe will crush
valiantly

you suffer
you ask for food
and out of habit
out of obligation
you cry without blame
exhausted
until you're freed by sleep

you fall in love
you're transformed and you love
for so brief an eternity
that even your pride grows tender
and your prophetic heart
becomes a muddle

you learn
and use what you learn
to slowly grow wise
to know that in the end this is what the world's about
nostalgia at the best of times
something lost at the worst of times
and always, always
a mess

then
you die.

TODOS CONSPIRAMOS

a Raúl Sendic

Estarás como siempre en alguna frontera
jugándote en tu sueño lindo y desvencijado
recordando los charcos y el confort todo junto
tan desconfiado pero nunca incrédulo
nunca más que inocente nunca menos
esa estéril frontera con aduanas
y pelmas y galones y también esta otra
que separa pretérito y futuro
qué bueno que respires que conspires
dicen que madrugaste demasiado
que en plena siesta cívica gritaste
pero tal vez nuestra verdad sea otra
por ejemplo que todos dormimos hasta tarde
hasta golpe hasta crisis hasta hambre
hasta mugre hasta sed hasta verguenza
por ejemplo que estás solo o con pocos
que estás contigo mismo y es bastante
porque contigo están los pocos muchos
que siempre fueron pueblo y no lo saben
qué bueno que respires que conspires
en esta noche de podrida calma
bajo esta luna de molicie y asco
quizá en el fondo todos conspiramos
sencillamente das la señal de fervor
la bandera decente con el asta de caña
pero en el fondo todos conspiramos
y no sólo los viejos que no tienen
con qué pintar murales de protesta
conspiran el cesante y el mendigo
y el deudor y los pobres adulones
cuyo incienso no rinde como hace cinco años

WE ALL CONSPIRE

for Raúl Sendic

I'll remember you as you always were, at some border crossing
reveling in your beautiful and dilapidated dream
remembering all at once the puddles and the luxuries
skeptical but never incredulous
never more than innocent but never less
that barren border crossing with customs offices
and boring officials who wear stripes and also that something else
that separates the past from the future
it's great that you breath and conspire
they say you used to get up early too often
and that you screamed out right in the middle of the national siesta
but maybe our truth is different
for example we all sleep in late
until a coup until a crisis until hunger
until squalor until thirst until shame
so you're alone or with just a few around you
you're with yourself and that's enough
because along with you are the few who are many
who were always the people but didn't know it
it's great that you breath and conspire
on this night of stale stillness,
beneath this moon of complacency and disgust
but maybe deep down we all conspire
you simply give the fervent signal,
raise the good flag on a flagpole of sugar cane
but deep down we all conspire
and not just the elderly who don't have
anything with which to paint murals of protest
but the beggars, too, and the unemployed conspire
and the debtors and poor suck-ups
whose incense doesn't smell like it did five years ago

la verdad es que todos conspiramos
pero no sólo los que te imaginas
conspiran claro está que sin saberlo
los jerarcas los ciegos poderosos
los dueños de tu tierra y de sus uñas
conspiran qué relajo los peores
a tu favor que es el favor del tiempo
aunque crean que su ira es la única
o que han descubierto su filón y su pólvora
conspiran las pitucas los ministros
los generales bien encuadernados
los venales los flojos los inermes
los crápulas los nenes de mamá
y las mamás que adquieren su morfina
a un abusivo precio inflacionario
todos quiéranlo-o-no van conspirando
incluso el viento que te da en la nuca
y sopla en el sentido de la historia
para que esto se rompa se termine
de romper lo que está resquebrajado
todos conspiran para que al fin logres
y esto es lo bueno que quería decirte
dejar atrás la cándida frontera
y te instales por fin en tus visiones
nunca más que inocente nunca menos
en tu futuro-ahora en ese sueño
desvencijado y lindo como pocos.

the truth is that we all conspire
but not just those who you might think
they conspire naturally without knowing it
that's to say the blind and powerful leaders
the owners of your country and of their grasping nails
with what depravity the worst of them conspire
in your favor, which is the favor of time
although they think only they can show rage
or that they've discovered a gold mine or something earth-shattering
the snobs and ministers all conspire
the well-dressed generals
the corrupt, the lazy, the defenseless
the dissipated spoiled kids
and the mothers who buy their morphine
at an unfair inflated price
everybody willy-nilly conspires
even the wind you feel on your neck
that blows throughout history
so that this will collapse so that this will stop
breaking what's already falling apart
everybody conspires so that in the end you'll find victory
and this is what I wanted to tell you
abandon the naïve border
and fix yourself in your vision
never more than innocent never less
in your future-present in that dream
dilapidated and beautiful as so few are.

HASTA MAÑANA

Voy a cerrar los ojos en voz baja
voy a meterme a tientas en el sueño.
En este instante el odio no trabaja

para la muerte, que es su pobre dueño
la voluntad suspende su latido
y yo me siento lejos, tan pequeño

que a Dios invoco, pero no le pido
nada, con tal de compartir apenas
este universo que hemos conseguido

por las malas y a veces por las buenas.
¿Por qué el mundo soñado no es el mismo
que este mundo de muerte a manos llenas?

Mi pesadilla es siempre el optimismo:
me duermo débil, sueño que soy fuerte,
pero el futuro aguarda. Es un abismo.

No me lo digan cuando me despierte.

SEE YOU IN THE MORNING

I'm going to quietly shut my eyes
I'm going to fumble around in my sleep.
At this instant hate doesn't serve

death, which is its poor master
my will stops beating
and I feel myself far away, so small

that I call on God, but I don't ask him
for anything, except to share
this universe we've inherited

for the worse and sometimes for the better.
Why isn't the world of dreams the same
as this world of death at full hands?

Optimism is always my nightmare:
I fall asleep, weak, and I dream that I'm strong,
but the future lies ahead. It is an abyss.

Don't remind me when I wake up.

PARPADEO

Esa pared me inhibe lentamente
piedra a piedra me agravia

ya que no tengo tiempo de bajar hasta el mar
y escuchar su siniestra horadante alegría
ya que no tengo tiempo de acumular nostalgias
debajo de aquel pino perforador del cielo
ya que no tengo tiempo de dar la cara al viento
y oxigenar de veras el alma y los pulmones

voy a cerrar los ojos y tapiar los oídos
y verter otro mar sobre mis redes
y enderezar un pino imaginario
y desatar un viento que me arrastre
lejos de las intrigas y las máquinas
lejos de los horarios y los pelmas

pero puertas adentro es un fracaso
este mar que me invento no me moja
no tiene aroma el árbol que levanto

y mi huracán suplente ni siquiera
sirve para barrer mis odios secos

entonces me reintegro a mi contorno
vuelvo a escuchar la tarde y el estruendo
vuelvo a mirar el muro piedra a piedra
y llego a la vislumbre decisiva
habrá que derribarlo para ir
a conquistar el mar el pino el viento.

BLINKING

That wall slowly suffocates me
brick by brick it irks me

now that I don't have time to walk to the sea
and listen to its sinister piercing joy
now that I don't have time to collect memories
beneath the sky's perforating pine
now that I don't have time to bare my face to the wind
and breathe deep into my soul and my lungs

I'll close my eyes and cover my ears
and render another sea over my nets
and stake an imaginary pine
and unleash a wind to sweep me away
far from the intrigues and the machines
far from the schedules and the monotony

but deep inside it's a failure
this sea I've invented doesn't get me wet
I can't smell the tree I've erected

and my substitute hurricane can't even
blow away my rotten hatred

and so I place myself back in my surroundings
once more I listen to the evening and the crashing of the waves
once more I look at the wall, brick by brick,
and see a decisive glimmer
I'll have to demolish it if
I'm going to conquer the sea, the pines, the wind.

CONTRA LOS PUENTES LEVADIZOS

1

Nos han contado a todos
cómo eran los crepúsculos
de hace noventa o novecientos años

cómo al primer disparo los arrepentimientos
echaban a volar como palomas
cómo hubo siempre trenzas que colgaban
un poco sucias pero siempre hermosas
cómo los odios eran antiguos y elegantes
y en su barbaridad venturosa latían
cómo nadie moría de cáncer o de asco
sino de tisis breves o de espinas de rosa

otro tiempo otra vida otra muerte otra tierra
donde los pobres héroes iban siempre a caballo
y no se apeaban ni en la estatua propia

otro acaso otro nunca otro siempre otro modo
de quitarle a la hembra su alcachofa de ropas

otro fuego otro asombro otro esclavo otro dueño
que tenía el derecho y además del derecho
la propensión a usar sus látigos sagrados

abajo estaba el mundo
abajo los de abajo
los borrachos de hambre
los locos de miseria
los ciegos de rencores
los lisiados de espanto

AGAINST DRAWBRIDGES

1

We've all been told
what the twilight was like
ninety or nine-hundred years ago

how that after the first shot was fired the repentances
began to fly like doves
how there've always been dangling braids
a bit dirty but always beautiful
how hatred used to be ancient and elegant
and thrive in its happy cruelty
how nobody died from cancer or disgust
but instead from speedy tuberculosis or a rose's thorns

another time another life another death another continent
where poor heroes always traveled on horseback
and didn't even go on foot as statues

another maybe another never always another way
of stealing the female's head of clothes

another fire another shock another slave another master
who had the right and moreover
the propensity to use his sacred whips

below was the world
below the underdogs
those drunk with hunger
those insane with misery
those blind with malice
those crippled with fright

comprenderán ustedes que en esas condiciones
eran imprescindibles los puentes levadizos.

2

No sé si es el momento
de decirlo
en este punto muerto
en este año desgracia

por ejemplo
decírselo a esos mansos
que no pueden
resignarse a la muerte
y se inscriben a ciegas
caracoles de miedo
en la resurrección
qué garantía

por ejemplo
a esos ásperos
no exactamente ebrios
que alguna vez gritaron
y ahora no aceptan
la otra
la imprevista
reconvención del eco

o a los espectadores
casi profesionales
esos viciosos
de la lucidez
esos inconmovibles
que se instalan
en la primera fila

you will understand that under those conditions
drawbridges were unimaginable.

2

I don't know if it's the right time
to mention it
now, at this dead moment
now, in this unfortunate year

mention it, for example,
to the meek
who can't
resign themselves to death
and enlist themselves blindly
like fearful snails
in the resurrection
what a guarantee

or to the rough and tough
for example
not quite drunk
who once shouted
and now don't accept
the other
unforeseen
scolding from the echo

or to the spectators,
almost professionals
the dissolute
with reality
the implacable
who place themselves
in the first row

así no pierden
ni un solo efecto
ni el menor indicio
ni un solo espasmo
ni el menor cadáver

o a los sonrientes lúgubres
los exiliados de lo real
los duros
metidos para siempre en su campana
de pura sílice
egoísmo insecto
ésos los sin hermanos
sin latido
los con mirada acero de desprecio
los con fulgor y labios de cuchillo

en este punto muerto
en este año desgracia
no sé si es el momento
de decirlo
con los puentes a medio descender
o a medio levantar
que no es lo mismo.

3

Puedo permanecer en mi baluarte
en ésta o en aquella soledad sin derecho
disfrutando mis últimos
racimos de silencio
puedo asomarme al tiempo
a las nubes al río
perderme en el follaje que está lejos

so they won't miss
not one effect
not even the smallest indication
not one spasm
not even the smallest cadaver

or to the smiling mournful ones,
exiled from reality,
the hard ones
forever stuck in their own shouts
of pure silica
egotism insect
those without brothers
without a pulse
those with a hard look of neglect
those who radiate and have lips like knives

now, at this dead moment
now, in this unfortunate year
I don't know if it's the right time
to mention it
with the bridges half-way down
or half-way up
which isn't the same thing.

3

I can remain in my fortress
in whatever solitude without right
enjoying my final clumps of silence
I can look out over time
at the clouds, at the river,
lose myself in the far-away foliage

pero me consta y sé
nunca lo olvido
que mi destino fértil voluntario
es convertirme en ojos boca manos
para otras manos bocas y miradas

que baje el puente y que se quede bajo

que entren amor y odio y voz y gritos
que venga la tristeza con sus brazos abiertos
y la ilusión con sus zapatos nuevos
que venga el frío germinal y honesto
y el verano de angustias calcinadas
que vengan los rencores con su niebla
y los adioses con su pan de lágrimas
que venga el muerto y sobre todo el vivo
y el viejo olor de la melancolía

que baje el puente y que se quede bajo

que entren la rabia y su ademán oscuro
que entren el mal y el bien
y lo que media
entre uno y otro
o sea
la verdad ese péndulo
que entre el incendio con o sin la lluvia
y las mujeres con o sin historia
que entre el trabajo y sobre todo el ocio
ese derecho al sueño
ese arco iris

que baje el puente y que se quede bajo

but it's all very clear to me, and I'm certain
I'll never forget that
my fertile chosen destiny
is to become eyes mouth hands
for other hands mouths and glances

lower the bridge and keep it down

let love and hate and murmurs and screams enter
let sadness come with open arms
and illusion, with its new shoes
let the cold come, honest and germinal
and summer, with scorched anxieties
let grudges cross with their fog
and goodbyes with their bread of tears
let the dead and above all the living come
and the old smell of melancholy

lower the bridge and keep it down

let rage enter with its dark gestures
let good and evil enter
and what's between
the two
in other words
that pendulum called truth
let fire enter, with or without rain
and women, with or without a past
let work and above all leisure enter
the right to sleep
the rainbow

lower the bridge and keep it down

que entren los perros
los hijos de perra
las comadronas los sepultureros
los ángeles si hubiera
y si no hay
que entre la luna con su niño frío

que baje el puente y que se quede bajo

que entre el que sabe lo que no sabemos
y amasa pan
o hace revoluciones
y el que no puede hacerlas
y el que cierra los ojos

en fin
para que nadie se llame a confusiones
que entre mi prójimo ese insoportable
tan fuerte y frágil
ese necesario
ése con dudas sombra rostro sangre
y vida a término
ese bienvenido

que sólo quede afuera
el encargado
de levantar el puente

a esta altura
no ha de ser un secreto
para nadie

yo estoy contra los puentes levadizos.

let sons enter
and sons-of-bitches
midwives, gravediggers
angels if they exist
and if not,
let the moon enter with its cold child

lower the bridge and keep it down

let him enter who knows what we don't
and him who makes bread
or starts revolutions
and him who can't
and him who closes his eyes

in the end
so that there's no confusion,
let my fellow man enter, insufferable that he is
so strong and fragile
so necessary
that man with doubts, shadows, face, blood
and finally life,
welcome

let only the one in charge
or raising the bridge
remain outside

at this point
it can't be a secret
for anybody

I'm against drawbridges.

ARTE POETICA

Que golpee y golpee
hasta que nadie
pueda ya hacerse el sordo
que golpee y golpee
hasta que el poeta
sepa
o por lo menos crea
que es a él
a quien llaman.

ARS POETICA

He must knock and keep knocking
until no one
can pretend not to hear
he must knock and keep knocking
until the poet
realizes
or at least believes
that he's the one
they're calling for.

HABANERA

a Roberto Fernández Retamar

1

Uno llega
con sus ojos de buey
con sus dedos de frente
o con sus pies de plomo

todo eso y además
con su vieja aritmética
con su rengo compás
con su memoria
a cuestas

uno llega
sensato
dispuesto a transpirar
a cotejar testigos
a combustir mulatas

todo eso y además
a contar hasta diez
a averiguarlo todo
a no decir me asombro

uno llega
a La Habana
se planta en su febrero
y a quién le importan viejos
compases
simetrías

HABANERA

for Roberto Fernández Retamar

1

You arrive
with sad eyes
with a pensive look
or with lead feet

all that, plus
your old calculations
your lame compass
and your memory
in tow

you arrive
prudent,
resigned to perspiration
to verifying testimonies
watching beautiful mulattas

all that, plus
counting to ten
double-checking everything
not ever expressing surprise

you arrive
in Havana
you fix yourself in your February
and who cares about old men anyway
or compasses
symmetries

aquí en La Habana invierno
sol de un invierno sol
hay que recalcularnos
hay que desintuirnos
hay que saltar encima
del prejuicio y la pompa
y empezar a contar
desde amor
desde cero.

2

La abuela siglo veinte está de fiesta
empezó a leer
a los ochenta y cuatro
y acabó sexto año
a los noventa

a la muchacha alfabetizadora
le pregunto
¿problemas con los viejos?
el pulso que les tiembla
sólo eso.

3

Juan Goytisolo lo escribió una vez
y me dejó un semestre hablando solo
hay una paradoja en esta época
(y no es de las menores)
que nosotros artistas
peleemos por un mundo
que acaso nos resulte inhabitable

here in Havana winter
sun of a winter sun
we have to recalculate ourselves
we have to cast aside intuition
we have to rise above
prejudice and pomp
and start counting
from love
from zero.

2

The twentieth-century grandmother is partying
she learned to read
at eighty-four
and finished the sixth grade
at ninety

I ask
the literacy tutor
ever have problems with old folks?
sometimes their hands tremble
that's all.

3

Juan Goytisolo once wrote
and left me talking to myself a whole semester
that there's a paradox in this age
(and it's quite a big one for sure)
in that we artists
fight for a world
that we might find uninhabitable

tiene razón
la paradoja existe

sin embargo
éste es el mundo por el que peleamos
y a mí no me resulta
inhabitable

falta saber
si es excepción
o regla

que alguien lo aclare
a más tardar
mañana

mientras tanto
y por suerte
yo respiro.

4

Vertiginosa henchida puntualmente
como fósforo que de pronto es antorcha
como brisa sospechosamente vital
como verdad escueta y explosiva
como caos fraterno terrenal entusiasta
como la abolición de soledades varias
como la más reciente panne de la injusticia
como el ojo de Abel puesto a mirar
como santa maría del buen desaire
como el mejor complot contra la muerte
como si Marx bailara el mozambique
decente inconfundible remontada
toda presente y casi venidera
La Habana ignora y sabe lo que hace.

he's right
it's a paradox

and yet
this is the world we've fought for
and I don't find it the least bit
uninhabitable

I don't know
if I'm the exception
or the rule

someone should find out
by tomorrow
at the latest

meanwhile
and fortunately
I'm still breathing.

4

Lightning-speed, abundant, and right on time
like a match that suddenly becomes a torch
like a suspiciously vital breeze
like the truth, plain and explosive
like chaos, brotherly, earthly and fervent
like the abolition of several solitudes
like the most recent blow to injustice
like Abel's eye made watchful
like saint mary of the good insults
like the best conspiracy against death
as if Marx were dancing the mozambique
decent unmistakable sky-high
all present and almost all the future
Havana is unaware but knows what it's doing.

5

Vamos a ponernos brevemente de acuerdo
aquí los buitres son auras tiñosas
las olas humedecen los pies de las estatuas
y hay mulatas en todos los puntos cardinales

los autos van dejando tuercas en el camino
los jóvenes son jóvenes de un modo irrefutable
la palabra carajo vitaliza el fraseo
y hay mulatas en todos los puntos cardinales

nada de esto es exceso de ron o de delirio
quizá una repentina borrachera de cielo
lo cierto es que esta noche el carnaval arrolla
y hay mulatas en todos los puntos cardinales.

6

Soy consciente de que no es mi ciudad
quiero decir con esto que aquí yo no podría
escoger ciertas dudas como propias
imaginar el puro color de la certeza
adivinar qué odio o qué ternura
mantiene en vilo al insomne de siempre
o qué diptongos o claves o bramidos
usa el amor para apretar su abrazo

consciente de que nosotros allá abajo
todavía no queremos o quizá no podemos
dar vuelta el pasado como una pobre media
ni admitir sin clemencia nuestro pánico
y transformarlo en un coraje contagioso

5

Let's agree for just a second
that the condors are mean vultures
the waves moisten the feet of the statues
and there are beautiful women at every cardinal point

the cars scatter nuts and bolts on the roads
the young are young, irrefutably
the word fuck always livens up any sentence
and there are beautiful women at every cardinal point

none of this is the rum talking, or craziness
maybe it's just a sudden binge of sky
what's certain is that tonight the carnival's coming alive
and there are beautiful women at every cardinal point.

6

I know that this isn't my city
by this, I mean to say that here I couldn't
assume certain misgivings as my own
or imagine the simple color of certainty
guess what hatred, or what tenderness
keeps the same old insomniac awake
or what diphthongs, or keys, or howls
love uses to tighten its embrace

knowing that those of us down here
still don't want, or maybe just can't
turn the past inside out like a sock
or admit to our panic without clemency
and transform it into a contagious courage

mi ciudad es más cauta más prudente
más opaca y ahora bastante más amarga
sus ruidos provisorios se diluyen
en un hosco silencio que ya nadie interrumpe
y sus segundos y terceros bríos
mueren en las primeras aquiescencias

por eso esta ciudad no puede ser la mía
hay demasiado goce de vivir demasiada
prisa por despejar la muerte en duda
sin embargo alimento la rara certidumbre
de que en algún probable futuro sin angustia
esta ciudad y yo quizás nos entendamos
tan sólo con mirarnos un sábado de noche
y apagar nuestras sombras y dejar este tango
sumergido en el ron como prenda fraterna.

7

Al final uno parte
con sus ojos de buey
con sus dedos de frente
o con sus pies de plomo

todo eso y además
con amigos de pan
de madera
de tierra

uno parte
y es otro
dispuesto a no olvidar
a contar hasta tres
a no decir empero

my city is more cautious more prudent
more gloomy and these days much more painful
its temporary sounds are muffled
by the sullen silence that no one interrupts
and its second and third courages
die in the first consents

that's why this city can't be mine
there's too much love for life, too much
of a rush to relegate death to uncertainty
and yet I nourish the doubtful certainty
that in some likely future, without any worries
this city and I will be able to understand each other
just by looking at each other some Saturday night
and shut off our shadows and leave this dance,
submerged in rum as a pledge of brotherhood.

7

In the end, you leave
with your sad eyes
with a pensive look
or with lead feet

all that, plus
friends from shared bread
shared wood
shared earth

you leave,
and you're changed
resigned to never forgetting
to counting to three
to never saying but

todo eso y además
con el adios más arduo
y el corazón más nuevo.

all that, plus
a goodbye that is painful
and a heart that is renewed.

CONSTERNADOS, RABIOSOS

> Vámonos,
> derrotando afrentas
> *Ernesto "Che" Guevara*

Así estamos
consternados
rabiosos
aunque esta muerte sea
uno de los absurdos previsibles

da vergüenza mirar
los cuadros
los sillones
las alfombras
sacar una botella del refrigerador
teclear las tres letras mundiales de tu nombre
en la rígida máquina
que nunca
nunca estuvo
con la cinta tan pálida

vergüenza tener frío
y arrimarse a la estufa como siempre
tener hambre y comer
esa cosa tan simple
abrir el tocadiscos y escuchar en silencio
 sobre todo si es un cuarteto de Mozart

da vergüenza el confort
y el asma da vergüenza
cuando tú comandante estás cayendo
ametrallado

DISMAYED AND FURIOUS

> Let's go forward,
> destroying all affronts
> *Ernesto "Che" Guevara*

And so we're
dismayed
and furious
although this death may be
just a predictable absurdity

I feel ashamed when I look at
my paintings
armchairs
and rugs
when I grab a bottle from the refrigerator
when I type the three famous letters of your name
on the rigid typewriter
whose ribbon has never
ever
been so pale

ashamed when I feel cold
and cuddle up to the heater as I always do
when I feel hungry and eat
something so simple
when I turn on the record player and listen in silence
particularly if it's a Mozart quartet

I feel ashamed of all these comforts
and of my asthma I feel ashamed
when I think of you, comandante, falling
filled with bullets

fabuloso
nítido

eres nuestra conciencia acribillada

dicen que te quemaron
con qué fuego
van a quemar las buenas
buenas nuevas
la irascible ternura
que trajiste y llevaste
con tu tos
con tu barro

dicen que incineraron
toda tu vocación
menos un dedo

basta para mostrarnos el camino
para acusar al monstruo y sus tizones
para apretar de nuevo los gatillos

así estamos
consternados
rabiosos
claro que con el tiempo la plomiza
consternación
se nos irá pasando
la rabia quedará
se hará más limpia
estás muerto
estás vivo
estás cayendo
estás nube
estás lluvia
estás estrella

mythical
and vivid

you are our riddled conscience

they say they burned you
with what fire
will they burn the good
good news
the irascible tenderness
that you brought and carried
along with your cough
and the mud on your boots

they say they burned
the last bit of your calling
save one finger

but that's still enough to show us the way
to challenge the monster and his thugs
to squeeze the triggers one more time

and so we're
dismayed
and furious
with time, of course, this dark
dismay
will start to pass
the fury will remain
and become sharper
you're dead
you're alive
you're falling
you're cloud
you're rain
you're star

donde estés
si es que estás
si estás llegando

aprovecha por fin
a respirar tranquilo
a llenarte de cielo los pulmones

donde estés
si es que estás
si estás llegando
será una pena que no exista Dios

pero habrá otros
claro que habrá otros
dignos de recibirte
comandante.

Montevideo, octubre 1967.

wherever you are
if it is that you are
or if you are arriving

finally enjoy the chance
to breathe easy
and fill your lungs with the sky

wherever you are
if it is that you are
or if you are arriving
it'll be a shame if there's no God

but there will be others
of course there'll be others
proud to welcome you,
comandante.

Montevideo, October, 1967

GRIETAS

La verdad es que
grietas
no faltan

así al pasar recuerdo
las que separan a zurdos y diestros
a pequineses y moscovitas
a présbites y miopes
a gendarmes y prostitutas
a optimistas y abstemios
a sacerdotes y aduaneros
a exorcistas y maricones
a baratos e insobornables
a hijos pródigos y detectives
a borges y sábato
a mayúsculas y minúsculas
a pirotécnicos y bomberos
a mujeres y feministas
a aquarianos y taurinos
a profilácticos y revolucionarios
a vírgenes e impotentes
a agnósticos y monaguillos
a inmortales y suicidas
a franceses y no franceses

a corto o a larguísimo plazo
todas son sin embargo
remediables

hay una sola grieta
decididamente profunda
y es la que media entre la maravilla del hombre
y los desmaravilladores

CRACKS

The truth is that
there are enough
cracks

if I remember correctly
those that separate the left-handed and the right-handed
the Pekinese and the Muscovites
the far-sighted and the near-sighted
the gendarmes and the prostitutes
the optimists and the teetotalers
the priests and the customs officers
the exorcists and the queers
the cheapskates and the upstanding
the prodigal sons and the detectives
borges and sábato
capitals and lower case
the arsonists and the firefighters
the women and the feminists
the aquariuses and the tauruses
condoms and revolutionaries
virgins and the impotent
the agnostics and the acolytes
the immortals and the suicidal
the french and the not french

whether in the short or long run
they're all nevertheless
reparable

there's just one crack
that'll be hard to fix
and it's the one that's between the greatness of man
and those who negate it

aun es posible saltar de uno a otro borde
pero cuidado
aquí estamos todos
ustedes y nosotros
para ahondarla

señoras y señores
a elegir
a elegir de qué lado
ponen el pie.

it's still possible to jump to the other side
but be careful
we're all right here
you, and all of us,
ready to push you down

ladies and gentlemen,
now pick,
pick which side
you'll stand on.

EL SURCO

(en Cuba, 1968)

A medio metro de mis botas recién inauguradas
el surco es una secreta y monstruosa novedad
hay que considerar que desde mis doce años no arrancaba un
    desgraciado yuyo
y aun tengo serias dudas sobre ese barroco antecedente

secreta
porque no sé qué pasará con mi cintura con mis versos con
    mis yugulares con mis ficheros con mis cartílagos
    con mis lecturas de marx con mi asma con mis
    nostalgias con mis rodillas con mis manos de
    dactilógrafo que no tienen seguro como las de los
    pianistas ni intuición como las de los alfareros
y monstruosa no sé muy bien por qué

el millo emerge a duras penas entre la catástrofe de la mala
    hierba
de eso se trata entonces
de ayudarlo a vivir a descatastrofarse
millo y qué es eso
vos sabés en mi tierra quizá tenga otro nombre
bueno el millo es el sorgo ah qué bien y qué es sorgo

después de todo qué importa
la mala hierba es mala hierba aquí o en arapey o en babilonia
    o en los jardines del pentágono
se trata de arrancarla dónde y cómo sea
de pie o sentado o en cuatro patas o arrastrándose como un
    lagarto
pero menos hermosamente y sobre todo más urgentemente
    que un lagarto

THE FURROW

(in Cuba, 1968)

Just a meter from my brand new boots
the furrow is a secret and monstrous novelty
though keep in mind that since I was twelve I haven't
        pulled a single lousy weed
and I still have my doubts about that antiquated precedent

secret
because I don't know what'll happen to my waist to my
        poetry to my jugular to my files to my cartilage
        to my volumes of marx to my asthma to my
        memories to my knees to my typist's
        hands that aren't insured like a
        pianist's nor intuitive like a potter's
and monstrous I'm not quite sure why

the corn emerged with difficulty amidst the catastrophe of
        weeds
that's what it's all about then
helping it to live helping it to decatastrophy itself
corn what's that
you know maybe it has another name where I come from
ok corn is sorghum great what's sorghum

in the end what does it matter
weeds are weeds here or in arapey or in babylon
        or in the gardens of the pentagon
you try to pull them out wherever you can
standing on foot or seated or on all fours or slithering like a
        lizard
but more handsomely and especially more urgently
        than a lizard

no está mal
no es difícil
tampoco es necesario haber leído el opus correspondiente a las
    gramíneas
la cosa es hacer fuerza como un biendispuesto condenado
    mientras los demás
en particular las muchachitas que no se detienen ante
    ningún despilfarro de energías
cantan esta tarde vi llover vi gente correr y no estabas tú

pero si uno se administra y se automatiza ya no precisa cantar
es decir si convierte sus brazos en palancas
    y sus piernas en bases de cemento
    y sus codos en bien aceitadas bisagras
    y su estómago en condensador
    y su cerebro en dínamo
es decir si uno se vuelve pura máquina para la que
    lamentablemente ya no hay ni habrá nunca más
    accesorios de repuesto porque se trata de un viejo
    modelo de hace cuarenta y siete años
entonces sí queda tiempo libre para pensar en la cultura y su
    caótica suburbia
para darle vueltas al globo terráqueo del ocio imposible y
    creador
y hasta para hacer comentarios bienhumorados y por
    supuesto eruditos
con el pianista o el pintor o la taquígrafa o el poeta o la
    bibliotecaria del surco vecino
quienes lo alcanzan a uno en un arrebato de lujuriosa
    disciplina o a quienes uno da alcance en un momentáneo
    eclipse de serenidad
acaso no crees que la nouvelle critique será siempre un
    fenómeno exterior a nosotros adecuado tan sólo
    para los franceses que no pueden vivir sin

it's not bad
it's not hard
and a textbook about grasses
        isn't necessary
the key is making an effort like a resigned prisoner
while everybody else
particularly the little girls who never waste their
        time with anything
sing "tonight it rained I saw people run but you weren't there"

but if you control yourself and automate yourself there won't be
                                        any need to sing
in other words if you make your arms levers
        and your legs cement bases
        and your elbows well-oiled hinges
        and your stomach a condenser
        and your brain a dynamo
in other words if you totally become a machine for which
        sadly there aren't and never will be
        parts because it's an old
        model that's almost forty-seven years old
then you'll have your free time to think about culture
        and your chaotic suburbia
to circle the globe of leisure
        impossible and creative
and even to make witty and of course erudite
        conversation
with the pianist or the painter or the stenographer or the poet
        or the librarian of the neighboring furrow
who catches up to you in a fit of luxurious
        discipline or who you lend a hand in a brief eclipse of
        serenity
maybe you don't believe that new criticism will always be
        a phenomenon foreign to us and appropriate only
        for the french who can't live without

desmenuzarse concienzudamente
coño esta hierba de mierda ya me hizo la primera ampolla
te parece que cortázar podrá llegar más lejos que rayuela
garcía márquez más lejos que cien años de soledad
por qué no pruebas de rodillas a mí me resulta mucho más
cómodo aunque claro después no hay cómo
enderezarse
de todos modos por qué joder tanto con los novelistas
y a los poetas señores a los poetas dónde nos arrinconan
considerando el contexto revolucionario no está mal que
esta hierba hija de puta se llame johnson grass
no tienes la impresión de que la espalda
vi gente correr
se te va a romper de un momento a otro
y no estabas tú

en realidad nunca imaginé que yo pudiera ser el sudor
es decir que pudiera estar tan bien representado en el sudor
bajo un sol del carajo

lejos dondequiera en la aguada o en el barrio latino o en
plaza once
habrá amigos que en este preciso instante arman y
desarman y vuelven a armar sin que les sobren
piezas el heredado alfabeto
que desde ya coleccionan los inminentes escombros del
bien aprendido alrededor
que perpetran felizmente un amor sobre el que no
escribirán porque la victoria casi nunca es artística
que arriman su oído a la madera en busca de
profundísimos latidos
que sienten un nudo en la garganta cuando de algún
modo chirria el universo
que se reconocen ajenos y desterrados de sí mismos
cuando enfrentan el precipicio y otras dudas
que cantan o blasfeman para uso personal con los labios

painstakingly tearing everything apart
fuck this shitty grass has already given me my first blister
do you think cortázar will go further than hopscotch
or garcía márquez further than one hundred years of solitude
why don't you try getting on your knees it's more
comfortable for me although afterwards it's
impossible to stand up straight
what's the use of fucking around so much with novelists anyway
and the poets, sir, what corner will you put us in
considering the revolutionary context it's fitting that
this motherfucking grass is called johnson grass
don't you feel like your back
I saw people run
is going to break any minute
but you weren't there

to tell you the truth I never though I could be the sweat
or in other words that I could be so well symbolized by sweat
beneath a sun that's hotter than hell

far away whether in the latin quarter or in the
plaza *once*
there will be friends who rip things apart and put them back
together and rip them apart again using every last letter
of their inherited alphabet
who for a long time now have collected the imminent rubble
of their learned surroundings
who happily make love but won't write about it
because the victory is never an artistic one
who put their ear up to the table in search of the
deepest beats
who feel a knot in their throats whenever the
universe squeaks
who recognize they're alien to themselves when
they come face to face with disaster or other doubts
who sing or blaspheme for their own gain with

apretados y secos
yo puedo estar con ellos
puedo ser como ellos
solidarizarme con su eléctrica gloria o su mirada
    cenicienta o su fosforescente tregua
puedo acompañarlos en el desfiladero que es de todos

pero oscuramente siento
aquí en el surco interminable y enemigo
con las manos hinchadas y a cuatro patas
con los ojos llenos de tierra roja
que en este instante un poco embrutecedor y embrutecido
en este tardío encuentro con la tortura nutricia
ninguno de ellos puede ser yo
ni siquiera este yo sin ninguna vocación terrícola
calcinado por la más paciente de las fatigas disponibles
    maldito por el sol
ni siquiera este yo que arranca mala hierba
a cuatro patas o quizá a catorce patas
sin hablar ya de nadie ni con nadie
que arranca mala hierba mala hierba
con las manos las uñas los ojos los pies la cabeza los
    dientes
sin hablar sin hablarse
sin saber si existe o no un surco vecino
ya no como una máquina de ademanes simétricos e
    impecables
sino como una sorda alimaña sin párpados
que simplemente arranca mala hierba.

stiff and dry lips
I could be with them
or be like them
unite with their electric glory or their ashen gaze
          or their phosphorescent resignation
I could accompany them in the ravine that belongs to everybody

but I feel though with some uncertainty
here in this endless and hostile furrow
my hands swollen and on all fours
my eyes full of red soil
that at this stultifying and stultified instant
at this too late encounter with nutrifying torture
none of them can be me
not even this me that has no agricultural training
scorched by that most patient of hardships
          damned by the sun
not even this me that pulls weeds
on all fours or perhaps flat on my face
without talking about anyone or to anyone
that pulls weed after weed
with hands nails eyes feet head
          teeth
and not speaking or speaking to themselves
not knowing if there's a neighboring furrow
not like a machine of perfectly symmetrical
          movements
but rather like a deaf vermin that never sleeps
and does nothing but pull weeds.

ARTIGAS

Se las arregló para ser contemporáneo de quienes nacieron
        medio siglo después de su muerte
creó una justicia natural para negros zambos indios y criollos
        pobres
tuvo pupila suficiente como para meterse en camisa de once
        varas
y cojones como para no echarle la culpa a los otros

así y todo pudo articularnos un destino
inventó el éxodo esa última y seca prerrogativa del albedrío

tres años antes de que naciera marx
y ciento cincuenta antes de que roñosos diputados la
        convirtieran en otro expediente demorado
borroneó una reforma agraria que aún no ha conseguido el
        homenaje catastral

lo abandonaron lo jodieron lo etiquetaron
pero no fue por eso que se quedó para siempre en tierra
        extraña
por algo nadie quiere hurgar en su silencio de viejo firme
no fue tosco como lavalleja ni despótico como oribe ni
        astuto como rivera
fue sencillamente un tipo que caminó delante de su gente
fue un profeta certero que no hizo públicas sus profecías
        pero se amargó profundamente con ellas

acaso imaginó a los futurísimos choznos de quienes
        inauguraban el paisito
esos gratuitos herederos que ni siquiera iban a tener la
        disculpa del coraje
y claro presintió el advenimiento de estos ministros
        alegóricos

ARTIGAS

He was a contemporary of those who were born
    half a century after his death
he created a system of natural justice for blacks mulattos indians
    and the poor people of the land
he had the smarts to get himself into a real
    mess
and the balls not to blame anybody else

even so he was able to plan our destiny
he invented the exodus that last and clear prerogative of free will

three years before marx was born
and a hundred and fifty years before before dirty deputies
    expediently delayed it
he carved out agrarian reform that still hasn't received
    a cadastral homage

they abandoned him they screwed him they labeled him
but that's not why he always remained on foreign
    soil
for some reason, no one wants to rummage through the old man's silence
true, he wasn't coarse like lavalleja nor tyrannical like oribe nor
    astute like rivera
he was just a guy who walked ahead of his people
he was a sound prophet who didn't make his prophecies public
    but deeply struggled with them instead

perhaps he foresaw the distant progeny of those
    who paved the way
those gratuitous heirs where weren't even going to have
    courage as an excuse
and surely he predicted the advent of these allegorical
    government ministers

estos conductores sin conducta estos proxenetas del recelo
estos tapones de la historia
y si decidió quedarse en curuguaty
no fue por terco o por necio o resentido
sino como una forma penitente e insomne de instalarse
en su bien ganado desconsuelo.

these conductors without conduct
these distrustful pimps these road blocks of history
and if in fact he decided to stay in curuguaty
it wasn't for hard-headedness or foolishness or resentment
but because of a patient and relentless desire to fix himself
in his well-earned despair.

SEMANTICA

Quieren que me refugie en vos
palabra blanda
silaboba

que crea a pie juntillas que sos muro trinchera caverna
        monasterio tantas cosas

la tentación o mejor dicho la orden es que te mire fijo
así me olvido de los que te hacen y deshacen
forjan y licúan

llegaron a decir que eras
qué me cuentan señores qué me cuentan
el gran protagonista

de dónde eh
blanda
silaboba
protagonista quién
robot de qué dictado

lévi-strauss confesó de una vez para siempre que no le
        interesaba américa después de 1492
y aunque colón no sabe aún si sentirse orgulloso o miserable
        nosotros sí sabemos

che palabra bajate del walhalla
tu único porvenir
es desolimpizarte

de dónde refugio
muro
monasterio

SEMANTICS

They want me to hide behind you
o bland word
sillyble

to believe to the last letter that you're a wall trench cavern
          monastery so much else

the temptation, or rather the command, is to look you in the eyes
that way I can forget about those who make you and break you
forge you and melt you

they even told me that you were—
what are you saying, sir, what are you saying—
the great protagonist

protagonist of what, huh
o bland word
sillyble
what protagonist
a robot of what dictation

lévi-strauss admitted once and for all that he
          wasn't interested in america after 1492
and although columbus might know whether to feel proud or wretched
          we sure do

hey word, come down from valhalla
your only hope
is to deolympify yourself

from your hiding place
wall
monastery

tu única salvación es ser nuestro instrumento
caricia bisturí metáfora fusil ganzúa interrogante tirabuzón
blasfemia candado etcétera

ya verás
qué lindo serrucho haremos contigo.

your only salvation is to be our instrument
carress scalpel metaphor pick lock question corkscrew
        blasphemy padlock etc.

you'll see
what a crooked deal we'll make with you.

QUEMAR LAS NAVES

El día o la noche en que por fin lleguemos
habrá que quemar las naves

pero antes habremos metido en ellas
 nuestra arrogancia masoquista
nuestros escrúpulos blandengues
nuestros menosprecios por sutiles que sean
nuestra capacidad de ser menospreciados
nuestra falsa modestia y la dulce homilía
de la autoconmiseración

y no sólo eso
también habrá en las naves a quemar
hipopótamos de wall street
pinguinos de la otan
cocodrilos del vaticano
cisnes de buckingham palace
murciélagos de el pardo
y otros materiales inflamables

el día o la noche en que por fin lleguemos
habrá sin duda que quemar las naves
así nadie tendrá riesgo ni tentación de volver

es bueno que se sepa desde ahora
que no habrá posibilidad de remar nocturnarnente
hasta otra orilla que no sea la nuestra
ya que será abolida para siempre
la libertad de preferir lo injusto
y en ese solo aspecto
seremos más sectarios que dios padre
no obstante como nadie podrá negar
que aquel mundo arduamente derrotado

BURN THE BOATS

The day or the night we finally get there
we'll have to burn the boats

but first we'll fill them with
our masochistic arrogance
our clumsy scruples
our downtrodden, subtle as they are
our own capacity for being downtrodden
our false modesty and the sweet homily
of self commiseration

and that's not all
we'll also fill the ships with
a wall-street hippopotamus
penguins from nato
crocodiles from the vatican
swans from buckingham palace
bats from El Pardo
and other flammable materials

the day or the night we finally get there
we'll definitely have to burn the boats
so there won't be the chance or the temptation to go back

it should be made clear right now
that there won't be any chances to paddle away in the night
to another shore that's not ours
now that it will be forever prohibited
for liberty to favor the unjust
and in that aspect alone
we'll be more sectarian than god the father
but it would be hard for anyone to deny
that the old world so arduously defeated

tuvo alguna vez rasgos dignos de mención
por no decir notables
habrá de todos modos un museo de nostalgias
donde se mostrará a las nuevas generaciones
cómo eran
        parís
        el whisky
        claudia cardinale.

used to have qualities worthy of mention
which is not to say worthy of praise
we'll build a museum of nostalgia
where future generations can see
what was
      paris
      whiskey
      claudia cardinale.

SER Y ESTAR

Oh marine
oh boy
una de tus dificultades consiste en que no sabes
distinguir el ser del estar
para ti todo es to be

así que probemos a aclarar las cosas

por ejemplo
una mujer *es* buena
cuando entona desafinadamente los salmos
y cada dos años cambia el refrigerador
y envía mensualmente su perro al analista
y sólo enfrenta el sexo los sábados de noche

en cambio una mujer *está* buena
cuando la miras y pones los perplejos ojos en blanco
y la imaginas y la imaginas y la imaginas
y hasta crees que tomando un martini te vendrá el coraje
pero ni asi

por ejemplo
un hombre *es* listo
cuando obtiene millones por teléfono
y evade la conciencia y los impuestos
y abre una buena póliza de seguros
a cobrar cuando llegue a sus setenta
y sea el momento de viajar en excursióna capri y a parís
y consiga violar a la gioconda en pleno louvre
     con la vertiginosa polaroid

BEING AND SEEMING

Oh marine
oh boy
part of your problem is that you don't know
the difference between "being" and "seeming"
to you everything just "is"

now let me explain

for example
a woman "is" good
when she sings the psalms out of tune
and gets a new refrigerator every two years
and sends her dog to an analyst every month
and only deals with sex on saturday nights

on the other hand, a woman "seems" good (at least to me)
when you gaze at her and your puzzled eyes go blank
and you dream of her dream of her dream of her
and think that a martini will give you the courage
when not even that'll do it

for example
a man "is" done
when he earns millions over the phone
and evades taxes and his conscience
and buys into a good retirement plan
to cash in when he turns seventy
and it's time to fly to capri and paris
where he gets to rape the gioconda right in the louvre
        with his speedy polaroid

en cambio
un hombre *está* listo
cuando ustedes
oh marine
oh boy
aparecen en el horizonte
para inyectarle democracia.

on the other hand,
a man "seems" done (done-for, that is)
when you boys
oh marine
oh boy
appear on the horizon
to give him a dose of democracy.

EL VERBO

En el principio era el verbo
y el verbo no era dios
eran las palabras
frágiles transparentes y putas
cada una venía con su estuche
con su legado de desidia
era posible mirarlas al trasluz
o volverlas cabeza abajo
interrogarlas en calma o en francés
ellas respondían con guiños cómplices y corruptos
qué suerte unos pocos estábamos en la pomada
éramos el resumen la quintaesencia el zumo
ellas las contraseñas nos valseaban el orgasmo
abanicaban nuestra modesta vanidad
mientras el pueblo ese desconocido
con calvaria tristeza decía no entendernos
no saber de qué hablábamos ni de qué callábamos
hasta nuestros silencios le resultaban complicados
porque también integraban la partitura excelsa
ellas las palabras se ubicaban y reubicaban
eran nuestra vanguardia y cuando alguna caía
acribillada por la moda o el sentido común
las otras se juntaban solidarias y espléndidas
cada derrota las ponía radiantes
porque como sostienen los latinoamericanos del boul mich
la gran literatura sólo se produce en la infelicidad
y solidarias y espléndidas parían
adjetivos y gerundios
preposiciones y delirios
con los cuales decorar el retortijón existencial
y convertirlo en oda o nouvelle o manifiesto
las revoluciones frustradas tienen eso de bueno
provocan angustias de un gran nivel artístico

THE VERB

In the beginning was the verb
and the verb was not god
there were just words
fragile transparent and whorish
each carrying a little case
with their legacy of apathy
you could look at them against the light
or put them face down
interrogate them in peace, or in french
and they'd respond with a wink like a corrupt accomplice
a few of us were lucky to be in the know back them
we were the summary, the quintessence, the meat
the passwords would waltz the orgasm with us
and fan our modest vanity
while the people, strangers that they were,
claimed with hellish sadness not to understand us
not to know what we were or weren't talking about
even our silences were incomprehensible to them
because they'd also incorporated the sublime music
the words would appear and reappear
they were our avant-garde and when one would fall
bombarded by style or common sense
the others would circle the wagons in solidarity and splendor
each defeat would render them more radiant
because as the latin americans in the boul mich will attest
great literature is the product of unhappiness
and with solidarity and splendor they gave birth to
adjectives and gerunds
prepositions and delirium
with which they dressed up their existential cramps
and made them into odes, or nouvelles, or manifestos
one good thing about failed revolutions is that
they provoke angst on a massive artistic scale

en tanto las triunfantes apenas si alcanzan
logros tan prosaicos como la justicia social

en el después será el verbo
y el verbo tampoco será dios
tan sólo el grito de varios millones de gargantas
capaces de reír y llorar como hombres nuevos y mujeres
nuevas

y las palabras putas y frágiles
se volverán sólidas y artesanas
y acaso ganen su derecho a ser sembradas
a ser regadas por los hechos y las lluvias
a abrirse en árboles y frutos
a ser por fin alimento y trofeo
de un pueblo ya maduro por la revolución y la inocencia.

while the victors don't, even if they can boast
such prosaic achievements as social justice

in the afterwards will be the verb
and the verb won't be god either
just the scream of several million mouths
capable of laughing and crying as new men and new
           women

and the whorish and fragile words
will become strong and artful
and maybe they'll get lucky and be planted,
get watered by actions and rain
and bloom into trees and fruits
to become, in the end, nourishment and a trophy
for a people already ripe for revolution and innocence.

CASI UN REQUIEM

Mientras mi padre se asfixia en la pieza 101
mientras mi padre se asfixia como un pobre pájaro
　　definitivamente vencido
y usa su último hilo de voz para un quejido humilde que parte
　　el alma
fuera de este recinto suceden cosas
el presidente nixon sale indemne de un examen médico de
　　rutina
el presidente el mismo que también parte el alma pero con
　　napalm
jóvenes camboyanos de educación pentagonal decapitan
　　cadáveres norvietnamitas y se fotografían sonrientes
　　con una cabeza en cada mano
el venerable heath vende sus armas a los arcángeles de
　　sudáfrica
y aquí en montevideo eficaces torturadores compran tiernos
　　regalos para dejar en esta noche de reyes a sus bien
　　alimentados pichones
todo esto mientras mi padre que fue un hombre decente y
　　generoso se asfixia y muere en la pieza 101.

　　　　　　　　　　5 de enero de 1971.

SOMETHING OF A REQUIEM

While my father chokes to death in room 101
while my father chokes to death like a poor bird
      completely defeated
and uses his last inch of breath for a tiny moan that
      rips his heart in two
elsewhere other things are happening
president nixon comes out against routine
      check-ups
the same president who himself rips hearts in two but with
      napalm
young cambodians with training from the pentagon decapitate
      north vietnamese bodies and are photographed smiling
      with a head in each hand
the venerable mr. heath sells arms to the archangels of
      south africa
and here in montevideo well-trained torturers buy tender
      gifts to leave their well-fed snitches on this
      night fit for a king
all this while my father, who was a decent and generous man,
      chokes to death and dies in room 101.

January 5, 1971

ODA A LA PACIFICACIÓN

No sé hasta dónde irán los pacificadores con su ruido
       metálico de paz
pero hay ciertos corredores de seguros que ya colocan pólizas
       contra la pacificación
y hay quienes reclaman la pena del garrote para los que no
       quieren ser pacificados

cuando los pacificadores apuntan por supuesto tiran a
pacificar y a veces hasta pacifican dos pájaros de un tiro

es claro que siempre hay algún necio que se niega a ser
       pacificado por la espalda
o algún estúpido que resiste la pacificación a fuego lento
en realidad somos un pais tan peculiar
que quien pacifique a los pacificadores un buen pacificador será.

ODE TO PACIFICATION

I don't know just how far the peacemakers will take their
        metallic roar of peace
but there are certain insurance brokers who sell
        policies against peacemaking
and there are those who'll seek the death penalty for
        those who don't want to be pacified

when the peacemakers aim, they fire, of course to make peace
and sometimes they even make peace for two birds with one stone

clearly, there's always some fool who refuses to
        be pacified behind his back
or some idiot who resists a gradual peace
we really are a strange country, aren't we
he who pacifies the peacemakers will finally have achieved peace.

TACTICA Y ESTRATEGIA

Mi táctica es
            mirarte
aprender como sos
quererte como sos

mi táctica es
            hablarte
y escucharte
construir con palabras
un puente indestructible

mi táctica es
quedarme en tu recuerdo
no sé cómo   ni sé
con qué pretexto
pero quedarme en vos

mi táctica es
            ser franco
y saber que sos franca
y que no nos vendamos
simulacros
para que entre los dos
no haya telón
            ni abismos

mi estrategia es
en cambio
más profunda y más
            simple

126

TACTICS AND STRATEGIES

My tactic is
        to watch you
learn what you are
love what you are

my tactic is
        to talk to you
and listen to you
and build an indestructible bridge
out of words

my tactic is
to remain in your memory
I don't know how   or even
under what pretext
but somehow remain in you

my tactic is
        to be frank
and know that you're frank
and that we're not selling each other
a sham
so that between us
there won't be curtains
               or abysses

my strategy is
on the other hand
simpler and more
          profound

mi estrategia es
que un día cualquiera
no sé cómo   ni sé
con qué pretexto
por fin   me necesites.

my strategy is
that one of these days
I don't know how   or even
under what pretext
you'll finally   need me.

CREDO

De pronto uno se aleja
    de las imágenes queridas
amiga
quedás frágil en el horizonte
te he dejado pensando en muchas cosas
pero ojalá pienses un poco en mí

vos sabés
en esta excursión a la muerte
    que es la vida
me siento bien acompañado
me siento casi con respuestas
cuando puedo imaginar que allá lejos
quizá creas en mi credo antes de dormirte
o te cruces conmigo en los pasillos del sueño

está demás decirte que a esta altura
no creo en predicadores ni en generales
ni en las nalgas de miss universo
ni en el arrepentirniento de los verdugos
ni en el catecismo del confort
ni en el flaco perdón de dios

a esta altura del partido
creo en los ojos y las manos del pueblo
en general
y en tus ojos y tus manos
en particular.

CREED

All of a sudden you find yourself
    far from the images you love most
my friend
you've remained fragile on the horizon
I've left you there thinking about many things
and hopefully you sometimes think of me

you know
on this excursion to death
    called life
I have good company
I feel like I almost have some answers
when I can imagine you're out in the distance
maybe believing in my credo before you go to sleep
or travelling with me through corridors of dreams

it's no use telling you that at this point
I don't believe in preachers or generals
or in miss universe's ass
or in the cruel executioner's repentance
in the catechism of luxury
or in god's empty forgiveness

at this stage of the game
I believe in the eyes and hands of the people
in general
and in your eyes and hands
in particular.

LA OTRA COPA DEL BRINDIS

Al principio ella fue una serena conflagración
un rostro que no fingía ni siquiera su belleza
unas manos que de a poco inventaban un lenguaje
una piel memorable y convicta
una mirada limpia   sin traiciones
una voz que caldeaba la risa
unos labios nupciales
un brindis

es increíble pero a pesar de todo
él tuvo tiempo para decirse
qué sencillo   y también
no importa que el futuro
            sea una oscura maleza

la manera tan poco suntuaria
que escogieron sus mutuas tentaciones
fue un estupor alegre
sin culpa ni disculpa

él se sintió optimista
                    nutrido
                        renovado
tan lejos del sollozo y la nostalgia
tan cómodo en su sangre y en la de ella
tan vivo sobre el vértice de musgo
tan hallado en la espera
que después del amor salió a la noche
sin luna y no importaba
sin gente y no importaba
sin dios y no importaba
a desmontar la anécdota

THE OTHER GLASS IN THE TOAST

In the beginning she was a serene blaze
a face that didn't fake even its own beauty
hands that gradually created their own language
skin that was memorable and convicted
a clean look   without any betrayals
a voice that set fire to her laughter
nuptial lips
a toast

it's incredible but in spite of it all
he had enough time to say to himself
it's easy   and also
it doesn't matter that the future looks
          like a hopeless weed

the hardly sumptuary way in which
they chose their mutual temptations
was happy astonishment
free from blame or shame

he felt optimistic
                    satisfied
                              renewed
so distant from the weeping and nostalgia
so comfortable with his blood and hers
so alive at the apex of the moss
so comfortable in all his waiting
that after making love he went out into the night
without a moon but that didn't matter
without people but that didn't matter
without god but that didn't matter
to dismantle the anecdote

a comprender la euforia
a recoger su parte del botín

mas su mitad de amor
                              se negó a ser mitad
y de pronto él sintió
que sin ella sus brazos estaban tan vacíos
que sin ella sus ojos no tenían qué mirar
que sin ella su cuerpo de ningún modo era
    la otra copa del brindis

y de nuevo se dijo
qué sencillo
                    pero ahora
lamentó que el futuro fuera oscura maleza

sólo entonces pensó en ella
                                    eligiéndola
y sin dolor   sin desesperaciones
sin angustia y sin miedo
dócilmente empezó
                        como otras noches
                                        a necesitarla.

to understand the euphoria
to collect his share of the loot

but his half of their love
                            refused to be just half a love
and soon he felt
that without her his arms were so empty
that without her his eyes had nothing to look at
that without her his body was in no way
        the other glass in the toast

and once more he said to himself
it's easy
        but this time
he lamented that the future looked like a hopeless weed

from then on he thought only of her
                        choosing her
and without suffering   without despair
without distress and without fear
he meekly began
        as on many nights before
                    to need her.

FUNDACION DEL RECUERDO

No es exactamente como fundar una ciudad
sino más bien como fundar una dinastía

el recuerdo tiene manos nubes estribillos
calles y labios   árboles y pasos
no se planifica con paz ni compás
sino con una sarta de esperanzas y delirios

un recuerdo bien fundado
un recuerdo con cimientos de solo
      que con todo su asombro busca el amor
      y lo encuentra de a ratos o de a lustros
puede durar un rumbo   o por lo menos
volver algunas noches a cavar su dulzura

en realidad no es como fundar una dinastía
sino más bien como fundar un estilo

un recuerdo puede tener mejillas
      y canciones y bálsamos
ser una fantasía que de pronto
      se vuelve vientre o pueblo
quizá una lluvia verde
      tras la ventana compartida
o una plaza de sol
      con puños en el aire

un recuerdo sólidamente fundado
fatalmente se acaba si no se lo renueva
es decir es tan frágil que dura para siempre
porque al cumplirse el plazo lo rescatan
los viejos reflectores del insomnio

FOUNDATION OF A MEMORY

It's not exactly like founding a city
but more like founding a dynasty

memory has hands clouds refrains
streets and lips   trees and paths
it's not planned calmly or with a compass
but with a string of hopes and delusions

a memory that's properly founded
a memory with its own foundation
    that searches for love with all its astonishment
    and finds it in a flash or in a lustrum
can survive a change in course   or at least
wander back some nights and crash on its sweetness

actually it's not like founding a dynasty at all
but more like founding a style

a memory can have cheeks
    and songs and use conditioner
it can be a fantasy that all of a sudden
    turns into a womb or a country
maybe green rain
    behind the window you share
or a sunny park
    with fists in the air

a solidly founded memory
ends inevitably if it's not renewed
in other words it's so fragile that it lasts forever
because when its time is up it's rescued
by insomnia's old spotlights

bueno tampoco es como fundar un estilo
sino más bien como fundar una doctrina

un recuerdo amorosamente fundado
nos limpia los pulmones   nos aviva la sangre
nos sacude el otoño   nos renueva la piel
y a veces convoca lo mejor que tenemos
el trocito de hazaña que nos toca cumplir

y es claro un recuerdo puede ser un escándalo
que a veces nos recorre como un sol de franqueza
como un alud de savia   como un poco de magia
como una palma de todos los días
que de repente se transforma en única

pensándolo mejor
quizá no sea como fundar una doctrina
sino más bien como fundar un sueño.

well it's not like founding a style either
but more like founding a doctrine

a lovingly founded memory
cleans out lungs   freshens up our blood
shakes autumn out of us   renews our skin
and sometimes unites our best qualities
the little piece of heroism that's expected of us

and of course a memory can be a scandal
that engulfs us like a frank ray of sunlight
like an avalanche of wisdom   like a little bit of magic
like an every-day palm tree
that suddenly seems out of the ordinary

now that I've given it some thought
maybe it's not like founding a doctrine at all
but more like founding a dream.

ROSTRO DE VOS

Tengo una soledad
tan concurrida
tan llena de nostalgias
y de rostros de vos
de adioses hace tiempo
y besos bienvenidos
de primeras de cambio
y de último vagón

tengo una soledad
tan concurrida
que puedo organizarla
como una procesión
por colores
tamaños
y promesas
por época
por tacto
y por sabor

sin un temblor de más
me abrazo a tus ausencias
que asisten y me asisten
con mi rostro de vos

estoy lleno de sombras
de noches y deseos
de risas y de alguna
maldición

mis huéspedes concurren
concurren como sueños
con sus rencores nuevos

YOUR FACE

My solitude is
so crowded
so full of memories
and your faces
full of old goodbyes
and welcome kisses
of first gears
and last cars

my solitude is
so well-attended
that I can organize it
like a procession
by colors
sizes
and promises
by period
by touch
and by taste

without too much shaking
I embrace the absences
that come along
with your face

I'm full of shadows
nights and desires
of laughter and a kind of
curse

my guests gather
gather like dreams
with their newest tortures

su falta de candor
yo les pongo una escoba
tras la puerta
porque quiero estar solo
con mi rostro de vos

pero el rostro de vos
mira a otra parte
con sus ojos de amor
que ya no aman
como víveres
que buscan a su hambre
miran y miran
y apagan mi jornada

las paredes se van
queda la noche
las nostalgias se van
no queda nada

ya mi rostro de vos
cierra los ojos

y es una soledad
tan desolada.

with their lack of innocence
I lodge a broom
against the door
because I want to be alone
with your face

but your face
looks away
with its loving eyes
that no longer love
like food
searching for hunger
they look and look
and shut off my journey

the walls disappear
and the night remains
the memories disappear
and there's nothing left

now your face finally
closes its eyes

and my solitude is
so desolate.

VAS Y VENIS

a luz

De carrasco a aeroparque y viceversa
vas y venís con libros y bufandas
y encargos y propósitos y besos

tenés gusto a paisito en las mejillas
y una fe contagiosa en el augurio

vas y venís como un péndulo cuerdo
como un comisionista de esperanzas
o como una azafata voluntaria
tan habituada estás a los arribos
y a las partidas un poquito menos

quién iba a imaginar cuando empezábamos
la buena historia hace veintiocho años
que en un apartamento camarote
donde no llega el sol pero vos sí
íbamos a canjear noticia por noticia
sin impaciencia ya   como quien suma

y cuando te dormís y yo sigo leyendo
entre cuatro paredes algo ocurre

estás aquí dormida y sin embargo
me siento acompañado como nunca.

YOU COME AND GO

for luz

From carrasco to the airport and vice versa
you come and go with books and treats
and assignments and projects and kisses

your cheeks taste like our tiny country
and a contagious faith in predictions

you come and go like a sane pendulum
like a special agent of hope
or like a volunteer hostess
you're so accustomed to arrivals
but a little less to departures

who would've imagined twenty-eight years ago
when we first started out all that was to come
that in a studio apartment
where there's no light but there's you
we'd exchange story after story
no longer impatient   who's counting anyway

and when you fall asleep and I keep reading
something happens within these four walls

you're asleep next to me and yet
I feel we're together as never before.

PIEDRITAS EN LA VENTANA

a roberto y adelaida

De vez en cuando la alegría
tira piedritas contra mi ventana
quiere avisarme que está ahí esperando
pero hoy me siento calmo
casi diría ecuánime
voy a guardar la angustia en su escondite
y luego a tenderme cara al techo
que es una posición gallarda y cómoda
para filtrar noticias y creerlas

quién sabe dónde quedan mis próximas huellas
ni cuándo mi historia va a ser computada
quién sabe qué consejos voy a inventar aún
y qué atajo hallaré para no seguirlos

está bien no jugaré al desahucio
no tatuaré el recuerdo con olvidos
mucho queda por decir y callar
y también quedan uvas para llenar la boca

está bien me doy por persuadido
que la alegría no tire más piedritas
abriré la ventana
abriré la ventana.

LITTLE STONES AT MY WINDOW

for roberto and adelaida

Once in a while
joy throws little stones at my window
it wants to let me know that it's waiting for me
but today I'm calm
I'd almost say even-tempered
I'm going to keep anxiety locked up
and then lie flat on my back
which is an elegant and comfortable position
for receiving and believing news

who knows where I'll be next
or when my story will be taken into account
who knows what advice I still might come up with
and what easy way out I'll take not to follow it

don't worry I won't gamble with an eviction
I won't tattoo remembering with forgetting
there are many things left to say and suppress
and many grapes left to fill our mouths

don't worry I'm convinced
joy doesn't need to throw any more little stones
I'll open the window
I'll open the window.

ESA BATALLA

¿Cómo compaginar
la aniquiladora
idea de la muerte
con este incontenible
afán de vida?

¿cómo acoplar el horror
ante la nada que vendrá
con la invasora alegría
del amor provisional
y verdadero?

¿cómo desactivar la lápida
con el sembradío?
¿la guadaña
con el clavel?

¿será que el hombre es eso?
¿esa batalla?

THAT BATTLE

How can one combine
the annihilating
idea of death
with this uncontrollable
love for life?

how can one connect the horror
before the nothingness that awaits us
with the invading joy
of provisional and
true love?

how can one defuse a tombstone
with a sown field?
or a scythe
with a carnation?

could that be man?
that battle?

GRILLO CONSTANTE

Mientras aquí en la noche sin percances
pienso en mis ruinas   bajo a mis infiernos
inmóvil en su dulce anonimato
el grillo canta nuevas certidumbres

mientras hago balance de mis yugos
y una muerte cercana me involucra
en algún mágico rincón de sombras
canta el grillo durable y clandestino

mientras distingo en sueños los amores
y los odios proclamo ya despierto
implacable rompiente soberano
el grillo canta en nombre de los grillos

la ansiedad de saber o de ignorar
flamea en la penumbra y me concierne
pero no importa   desde su centímetro
tenaz como un obrero canta el grillo.

CONSTANT SHACKLES

While I'm here in this night without any mishaps
I think of my ruins   I descend into my hell
motionless in their sweet anonymity
the shackles are singing new certainties

while I balance my yokes
and I am drawn in by a nearby death
in some magical and shadowy corner
the durable and furtive shackles are singing

while I distinguish loves in my dreams
and proclaim hates, already awakened,
implacable shattering colossal
the shackles are singing in the name of shackles

the desire to understand or to not know
flares up in this half-light and troubles me
but it doesn't matter   from their centimeter,
tenacious like a laborer the shackles are singing.

COTIDIANA 1

La vida cotidiana es un instante
de otro instante que es la vida total del hombre
pero a su vez cuántos instantes no ha de tener
ese instante del instante mayor

cada hoja verde se mueve en el sol
como si perdurar fuera su inefable destino
cada gorrión avanza a saltos no previstos
como burlándose del tiempo y del espacio
cada hombre se abraza a alguna mujer
como si así aferrara la eternidad

en realidad todas estas pertinacias
son modestos exorcismos contra la muerte
batallas perdidas con ritmo de victoria
reos obstinados que se niegan
a notificarse de su injusta condena
vivientes que se hacen los distraídos

la vida cotidiana es también una suma de instantes
algo así como partículas de polvo
que seguirán cayendo en un abismo
y sin embargo cada instante
o sea cada partícula de polvo
es también un copioso universo

con crepúsculos y catedrales y campos de cultivo
y multitudes y cópulas y desembarcos
y borrachos y mártires y colinas
y vale la pena cualquier sacrificio
para que ese abrir y cerrar de ojos
abarque por fin el instante universo

EVERYDAY POEM 1

Everyday life is an instant
within another instant that is a man's entire life
but how many instants must there be
in that instant within the greater instant

each green leaf moves under the sun
as if survival were its indescribable destiny
each sparrow moves in unforeseen jumps
as if to mock time and space
each man embraces a woman
as if he were anchoring eternity

all these obstinacies
are actually modest exorcisms against death
lost battles at the speed of victory
stubborn convicts who refuse
to notify themselves of their unjust sentence
beings who play the fool

everyday life is also the sum of instants
something like dust particles
that keep falling into an abyss
and yet each instant
or rather each particle of dust
is also a copious universe

with twilights and cathedrals and fields of crops
and multitudes and copulations and disembarkations
and drunkards and martyrs and hills
and any sacrifice is worth it
so that the twinkling of an eye
might finally accept the instant universe

con una mirada que no se avergüence
de su reveladora
efímera
insustituible
        luz.

with a look that won't be ashamed
of its revealing
ephemeral
irreplaceable
          light.

ME VOY CON LA LAGARTIJA

Me voy con la lagartija
vertiginosa
a recorrer las celdas donde
líber
    raúl
        héctor
            josé luis
jaime
    ester
        gerardo
            el ñato
rita
    mauricio
        flavia
            el viejo
penan por todos
y resisten

voy con la lagartija
popular
vertiginosa
a dejarles aquí y allá
por entre los barrotes
    junto a las cicatrices
    o sobre la cuchara
migas de respeto
silencios de confianza
y gracias porque existen.

I'M GOING WITH THE LIZARD

I'm going with the dizzy
lizard
to search all the cells where
líber
    raúl
        héctor
            josé luis
jaime
    ester
        gerardo
            weird-face
rita
    mauricio
        flavia
            the old man
suffer for us all
and resist

I'm going with a popular
and dizzy
lizard
to scatter about
behind the bars
    next to the scars
    or on a spoon
some crumbs of respect
confident silences
and gratitude because they exist.

SOY UN CASO PERDIDO

Por fin un crítico sagaz reveló
(ya sabía yo que iban a descubrirlo)
que en mis cuentos soy parcial
y tangencialmente me exhorta
a que asuma la neutralidad
como cualquier intelectual que se respete

creo que tiene razón

soy parcial
de esto no cabe duda
más aún yo diría que un parcial irrescatable
caso perdido en fin
ya que por más esfuerzos que haga
nunca podré llegar a ser neutral

en varios países de este continente
especialistas destacados
han hecho lo posible y lo imposible
por curarme de la parcialidad
por ejemplo en la biblioteca nacional de mi país
    ordenaron el expurgo parcial
    de mis libros parciales
en argentina me dieron cuarenta y ocho horas
    (y si no me mataban) para que me fuera
    con mi parcialidad a cuestas
por último en perú incomunicaron mi parcialidad
    y a mí me deportaron

de haber sido neutral
no habría necesitado
esas terapias intensivas
pero qué voy a hacerle

I'M A LOST CAUSE

An astute critic finally revealed
(I knew they'd find out someday)
that I'm partial in my fiction
and he urges me tangentially
to become neutral
like any self-respecting intellectual

I think he's right

I'm partial
of this there can be no doubt
moreover I'd say I'm helplessly partial
a lost cause in the end
since no matter how hard I try
I'll never be able to be neutral

in various countries on this continent
distinguished specialists
have done the possible and the impossible
to cure me of my partiality
for example the national library in my country
    ordered a partial expurgation
    of my partial books
in argentina they gave me forty-eight hours
    to leave (or they'd have killed me)
    with my partiality on my back
finally in peru they held my partiality incommunicado
    and deported me

had I been neutral
I wouldn't have needed
all that intensive therapy
but what can I do

soy parcial
incurablemente parcial
y aunque pueda sonar un poco extraño
totalmente
parcial

ya sé
eso significa que no podré aspirar
a tantísimos honores y reputaciones
    y preces y dignidades
que el mundo reserva para los intelectuales
    que se respeten
es decir para los neutrales
con un agravante
como cada vez hay menos neutrales
las distinciones se reparten
entre poquísimos

después de todo y a partir
de mis confesadas limitaciones
debo reconocer que a esos pocos neutrales
les tengo cierta admiración
o mejor les reservo cierto asombro
ya que en realidad se precisa un temple de acero
para mantenerse neutral ante episodios como
girón
        tlatelolco
                trelew
                        pando
                            la moneda

es claro que uno
y quizá sea esto lo que quería decirme el crítico
podría ser parcial en la vida privada
y neutral en las bellas letras
digamos indignarse contra pinochet

I'm partial
incurably partial
and although it might sound a bit strange
totally
partial

yes I know
that means I won't be able to aspire
to the many honors and reputations
    and invocations and distinctions
that the world reserves for intellectuals
    who are self-respecting
who, in other words, are neutral
and there is a complication
since there are fewer and fewer who are neutral
the distinctions are shared
by just a few

after all and given
my confessed limitations
I have to admit that I have a certain admiration
for the few who are neutral
or rather I reserve a certain awe for them
since in reality you need a steel temple
to remain neutral through episodes like
the bay of pigs
                tlatelolco
                        trelew
                            pando
                                la moneda

it's clear that you
and maybe this is what the critic wanted to tell me
can be partial in private life
and neutral in belles lettres
for example you could get indignant at pinochet

durante el insomnio
y escribir cuentos diurnos
   sobre la atlántida

no es mala idea
y claro
tiene la ventaja
de que por un lado
uno tiene conflictos de conciencia
y eso siempre representa
un buen nutrimento para el arte
y por otro no deja flancos para que lo vapulee
la prensa burguesa y/o neutral

no es mala idea
pero
ya me veo descubriendo o imaginando
en el continente sumergido
la existencia de oprimidos y opresores
parciales y neutrales
torturados y verdugos
o sea la misma pelotera
cuba sí yanquis no
de los continentes no sumergidos

de manera que
como parece que no tengo remedio
y estoy definitivamente perdido
para la fructuosa neutralidad
lo más probable es que siga escribiendo
cuentos no neutrales
y poemas y ensayos y canciones y novelas
no neutrales
pero advierto que será así
aunque no traten de torturas y cárceles
u otros tópicos que al parecer
resultan insoportables a los neutros

in the middle of the night
and write short stories the next day
    about atlantis

it's not a bad idea
and of course
there's the advantage
that on the one hand
you'd have a conflicted conscience
and that's always a sign of
a good foundation for art
and on the other hand it doesn't leave you vulnerable
to beatings from the bourgeois and/or neutral press

it's not a bad idea
but
I already find myself discovering or imagining
on the sunken continent
the existence of the oppressed and their oppressors
the partial and the neutral
the tortured and the tyrannical
in other words the same ballgame—
cuba yes yankees no—
that's found on not-sunken continents

therefore
as it seems I have no other choice
and I'm definitely a write-off
for fruitful neutrality
most likely I'll keep on writing
stories that aren't neutral
and poems and essays and songs and novels
that aren't neutral
but I'm warning you that they'll be that way
even if they don't deal with tortures and jails
or other topics apparently
intolerable to neutrals

será así aunque traten de mariposas y nubes
y duendes y pescaditos.

they'll be that way even if they deal with butterflies and clouds and goblins and little fish.

PAIS INOCENTE

Cerco an paese
ínnocente
Giuseppe Ungaretti

Unos como invasores
otros como invadidos
¿qué país
no ha perdido la inocencia?
pero además
¿de qué sirve un país inocente?

¿qué importancia tienen
las fronteras pusilánimes
las provincias de la ingenuidad?

solo los países
que pierdan su candor
podrán reconocer al enemigo

así es que no reclamo
un país inocente
en todo caso busco
un extraño país
capaz de declararse
culpable
           de inocencia.

INNOCENT COUNTRY

> Cerco un paese
> innocente
> > *Giuseppe Ungaretti*

Whether by being invaded
or by being the invader
is there a single country
that hasn't lost its innocence?
besides
what's the use of an innocent country anyway?

what good are
chicken-hearted borders
or provinces of naïveté?

only those countries
that lose their innocence
will recognize their enemy

so you see, I'm not looking
for an innocent country
what I want to find is
some strange country
that's capable of declaring itself
guilty
        of innocence.

CALCULO DE PROBABILIDADES

Cada vez que un dueño de la tierra
proclama
      para quitarme este patrimonio
      tendrán que pasar
      sobre mi cadáver
debería tener en cuenta
que a veces
pasan.

RISK ANALYSIS

Every time a landowner
declares
       they'll have to take
       this property
       over my dead body
he should keep in mind that
somebody just might
do it.

NUEVO CANAL INTEROCEANICO

Te propongo construir
un nuevo canal
sin esclusas
ni excusas
que comunique por fin
tu mirada
atlántica
con mi natural
pacífico.

A NEW INTER-OCEANIC CHANNEL

I propose that we build
a new channel
without locks
or apologies
to link
your atlantic
look
with my pacific
nature.

SINDROME

Todavía tengo casi todos mis dientes
casi todos mis cabellos y poquísimas canas
puedo hacer y deshacer el amor
trepar una escalera de dos en dos
y correr cuarenta metros detrás del ómnibus
o sea que no debería sentirme viejo
pero el grave problema es que antes
no me fijaba en estos detalles.

SYNDROME

I've still got almost all my teeth
almost all my hair and only a few cavities
I can make and unmake love
climb stairs two at a time
and run forty meters behind a bus
what I mean is that I shouldn't feel old
but the awful problem is that until now
I've taken all this for granted.

AHORA TODO ESTA CLARO

Cuando el presidente carter
se preocupa tanto
por los derechos
                    humanos
parece evidente que en ese caso
derecho
no significa facultad
o atributo
o libre albedrío
sino diestro
o antizurdo
o flanco opuesto al corazón
 lado derecho en fin

en consecuencia
¿no sería hora
de que iniciáramos
una amplia campaña internacional
por los izquierdos
                    humanos?

NOW I UNDERSTAND

When president carter
gets all worked-up
about human
                rights
it seems that in this context
he doesn't mean
faculties
or attributes
or free will
but rather not-left
or anti-left
or the side opposite your heart
in short, right wing

therefore
isn't it time
that we launch
a massive international campaign
for human
                lefts?

VIENTO DEL EXILIO

Un viento misionero sacude las persianas
no sé qué jueves trae
no sé qué noche lleva
ni siquiera el dialecto que propone

creo reconocer endechas rotas
trocitos de hurras
y batir de palmas
pero todo se mezcla en un aullido
que también puede ser deleite o salmo

el viento bate franjas de aluminio
llega de no sé donde a no sé donde
y en ese rumbo enigma soy apenas
una escala precaria y momentánea

no abro hospitalidad
no ofrezco resistencia
simplemente lo escucho
arrinconado
mientras en el recinto vuelan nombres
papeles y cenizas

después se posarán en su baldosa
en su alegre centímetro
en su lástima
ahora vuelan como barriletes
como murciélagos como hojas

lo curioso lo absurdo es que a pesar
de que aguardo mensajes y pregones
de todas las memorias y de todos
los puntos cardinales

THE WIND OF EXILE

A missionary wind is dusting off my blinds
I don't know what thursday it brings
or what night it takes away
not even what dialect it speaks

I think I recognize broken laments
tiny bits of hurrahs
and applause
but it all gets mixed up in a howl
that might also be delight or a psalm

the wind shakes the aluminum strips
it comes from who-knows-where and is going who-knows-where
and on that enigmatic journey I am
but a brief and precarious stop-over

I do not offer hospitality
nor resistance
I just listen to it
cornered
while in this space names and papers
and ashes are flying

afterwards they'll lie on their tile floor
in their happy centimeter
in their sorrow
now they fly like kites
like bats like sheets

what's curious what's absurd is that despite
the fact that I save the messages and cries
from all my memories and from
every cardinal point

lo raro lo increíble es que a pesar
de mi desamparada expectativa

no sé qué dice el viento del exilio

what's strange what's incredible is that despite
my bleak expectations

I don't know what the wind of exile is saying

PASATIEMPO

Cuando éramos niños
los viejos tenían como treinta
un charco era un océano
la muerte lisa y llana
no existía

cuando muchachos
los viejos eran gente de cuarenta
un estanque era océano
la muerte solamente
una palabra

ya cuando nos casamos
los ancianos estaban en cincuenta
un lago era un océano
la muerte era la muerte
de los otros

ahora veterano
ya le dimos alcance a la verdad
el océano es por fin el océano
pero la muerte empieza a ser
la nuestra

PASTIME

When we were little kids
old folks were about thirty
a puddle was an ocean
death, plain and simple
didn't exist

later when we were boys
old folks were in their forties
a pond was an ocean
and death nothing but
a word

and when we got married
the elderly were fifty
a lake was an ocean
death was the death
of others

now that we're older
we've let truth catch up to us
the ocean is finally the ocean
and death is starting to be
ours

CADA VEZ QUE ALGUIEN MUERE

Cada vez que alguien muere
por supuesto alguien a quien quiero
siento que mi padre vuelve a morir
será porque cada dolor flamante
tiene la marca de un dolor antiguo

por ejemplo este día en que ningún árbol
está de verde y no oigo los latidos
de la memoria constelada
y un solo perro aúlla por las dudas
vuelve a meterme en aquel otro
interminable en que mi padre
se fue mudando lentamente
de buen viejo en poca cosa
de poca cosa en queja inmóvil
de quega inmóvil en despojo

EVERY TIME SOMEONE DIES

Every time someone dies
someone I care for that is
I feel my father dying all over again
perhaps because each brand-new sorrow
is the same make as all the old ones

a day like this, for example, on which there
are no green trees and I hear no heartbeats
coming from my starry memory
and there is only one dog howling because of doubts,
sets me back to those other
endless moments when my father
changed slowly
from a nice old man into nothing
from nothing into paralyzed moans
from paralyzed moans into scrap

COMPAÑIAS

Dime
con quién
andas
y te diré
go home

COMPANIES

Tell me
who your friends
are
and I'll tell you
yankee, go home

ALLENDE

Para matar al hombre de la paz
para golpear su frente limpia de pesadillas
tuvieron que convertirse en pesadilla
para vencer al hombre de la paz
tuvieron que congregar todos los odios
y además los aviones y los tanques
para batir al hombre de la paz
tuvieron que bombardearlo hacerlo llama
porque el hombre de la paz era una fortaleza

para matar al hombre de la paz
tuvieron que desatar la guerra turbia
para vencer al hombre de la paz
y acallar su voz modesta y taladrante
tuvieron que empujar el terror hasta el abismo
y matar más para seguir matando
para batir al hombre de la paz
tuvieron que asesinarlo muchas veces
porque el hombre de la paz era una fortaleza

para matar al hombre de la paz
tuvieron que imaginar que era una tropa
una armada una hueste una brigada
tuvieron que creer que era otro ejército
pero el hombre de la paz era tan sólo un pueblo
y tenía en sus manos un fusil y un mandato
y eran necesarios más tanques más rencores
más bombas más aviones más oprobios
porque el hombre de la paz era una fortaleza

ALLENDE

To kill the man who stood for peace
to beat the last nightmare out of his head
they had to become a nightmare themselves
to conquer the man who stood for peace
they had to gather up hatred
and planes and tanks
to defeat the man who stood for peace
they had to bomb him burn him
because the man who stood for peace was a fortress

to kill the man who stood for peace
they had to unleash a dirty war
to vanquish the man who stood for peace
and silence his modest and penetrating voice
they had to take terror to new depths
and kill in order to keep on killing
to vanquish the man who stood for peace
they had to assassinate him many times over
because the man who stood for peace was a fortress

to kill the man who stood for peace
they had to pretend he was a brigade
a fleet an army or a troop
they had to believe he was a whole other army
but the man who stood for peace was nothing more than the people
with a gun and a mandate in his hands
and still they had to get more tanks more hatred
more bombs more planes more insults
because the man who stood for peace was a fortress

para matar al hombre de la paz
para golpear su frente limpia de pesadillas
tuvieron que convertirse en pesadilla
para vencer al hombre de la paz
tuvieron que afiliarse para siempre a la muerte
matar y matar más para seguir matando
y condenarse a la blindada soledad
para matar al hombre que era un pueblo
tuvieron que quedarse sin el pueblo

to kill the man who stood for peace
to beat the last nightmare out of his head
they had to become a nightmare themselves
to defeat the man who stood for peace
they had to forever ally themselves with death
they had to kill in order to keep on killing
and condemn themselves to solitude in armor
to kill the man who stood for the people
they had to end up without the people

HECHOS / NOTICIAS

Para los europeos
el estalinismo
fue
un hecho
en tanto que
para nosotros
fue tan sólo
noticia
por eso nunca
lo entendimos bien

en cambio
para nosotros
cuba y nicaragua
son hechos
fundamentales y
fundacionales
en tanto que
para ellos
son tan sólo
noticias
por eso nunca
las entendieron bien

REALITY / NEWS

For europeans
stalinism
was
a reality
while
for us
it was just
news
that's why we
never really understood it

on the other hand
for us
cuba and nicaragua
are basic
and fundamental
realities
while
for them
they're just
news
that's why they
never really understood them

ABRIGO

Cuando sólo era
un niño estupefacto
viví durante años
allá en colón
en un casi tugurio
de latas

fue una época
más bien
miserable

pero nunca después
me sentí tan a salvo
tan al abrigo
como cuando empezaba
a dormirme
bajo la colcha de retazos
y la lluvia poderosa
cantaba
sobre el techo
de zinc

SHELTER

When I was just
an astonished child
I lived for years
way out in colón
in almost a tin
hovel

those were
rather
miserable times

but never since
have I felt so safe
so sheltered
as when I used to
fall asleep
under a patchwork quilt
and the heavy rain
would sing
on the zinc
roof

NI COLORIN NI COLORADO

Buenos Aires, 3 de agosto (AF). -Los dos niños
uruguayos hallados en Chile días atrás fueron
raptados en Argentina en septiembre de 1976,
según la Asamblea Permanente de los Derechos
Humanos. Los niños son Anatole Boris y Eva Lucía
Julien Grisonas. La abuela de los niños, María
Angélica Cáceres de Julien, envió una carta a la
APDH hace más de un año, para denunciar la
desaparición de su hijo, esposa y dos hijos, durante
una «operación policial» efectuada en su domicilio,
situado en San Martín Arrabal, Noroeste de
Buenos Aires.
(El Sol de México, 4 de agosto de 1979)

Y la muerte es el último País que el niño inventa.
Raúl González Tuñón

Fue en valparaíso donde reaparecieron
en pleno año internacional del niño
por fin sanos y salvos
con escasa y suficiente memoria
eva lucía y anatole
niños del siglo veinte

habían mediado las naciones unidas
y fotógrafos embajadas arzobispos
y una vez confirmadas las identidades
y obtenido el aval indispensable
de burócratas y estados mayores
desde montevideo fue a buscarlos la abuela
y es posible que todo vuelva a su cauce

pero ni colorín ni colorado
el cuento no se ha acabado

NOT HAPPILY EVER AFTER

Buenos Aires, August 3 (AF). The two Uruguayan
children found in Chile two days ago were abducted
in Argentina in September, 1976, according to the
Permanent Assembly for Human Rights. The
children were identified as Anatole Boris and Eva
Lucía Julien Grisonas. The children's grandmother,
María Angélica Cáceres de Julien, sent a letter to the
PAHR over a year ago denouncing the
disappearance of her son, his wife, and their two
children during a "police operation" carried out in
their residence, situated in San Martín Arrabal,
northeast of Buenos Aires.

(El Sol de México, August 4, 1979)

And death is the last region that a child imagines.
Raúl González Tuñón

They reappeared in valparaíso
in the middle of the international year of the child
at last safe and sound
with limited but sufficient memory
eva lucía and anatole
children of the twentieth century

the united nations had intervened
along with photographers embassies and archbishops
and once their identities were confirmed
and the indispensable endorsement
of bureaucrats and important countries was attained
their grandmother began to search for them from Montevideo
and it all might get back to normal

not happily ever after
this story's a disaster

valparaíso de terremotos y escaleras
donde cada escalón es una casa en ascuas
valparaíso de marineros y mercados
y costas de agua helada y transparente
había acogido a anatole y eva lucía
cuando en diciembre del setenta y seis
aparecieron en la plaza o'higgins
a la deriva y tomados de la mano

valparaíso de acordeones y tabernas
y olor inconfundible a sal y muelles
con un mar que complica los adioses
pero se encrespa con las bienvenidas
la ciudad de las proas les dio pan y cobijo
y también una esponja con la ardua misión
de borrar los poquísimos recuerdos

pero ni colorín ni colorado
el cuento no se ha acabado

montevideo de milongas y cielitos
puerto también pero con otro aroma
con cantinas y bares de mala muerte
y jóvenes cadáveres también de mala muerte
quizá reciba a eva lucía y anatole
sin primavera porque es invierno crudo
sin cantos porque hay silencio estricto
sin padres porque desaparecieron

montevideo de lluvia a plazos
de muros con pregones irreverentes
de noche sin faroles pero con tres marías
quizá reciba a eva lucía y anatole
en el breve año internacional del niño
sin primavera sin canciones sin padres

vaparaíso of earthquakes and stairs
where each step is a house on shaky ground
valparaíso of sailors and markets
and coasts of frigid, transparent water
managed to shelter anatole and eva lucía
when in december of '76
they appeared in the plaza o'higgins
lost and holding hands

valparaíso of accordions and bars
and the unmistakable smell of salt and wharfs
with a sea that complicates goodbyes
and grows rough with hellos
that city of bows gave them bread and protection
and also a sponge for the express purpose
of wiping clean what memories they had

not happily ever after
this story's a disaster

montevideo of music and dancing
also a port but with a different smell
with canteens and killer bars
and young corpses just as deadly
will hopefully receive eva lucía and anatole
without spring because it's a harsh winter
without song because there is a strict silence
without parents because they've disappeared

montevideo of long rainfalls
of walls with irreverent cries
of nights without light but with three marías
will hopefully receive eva lucía and anatole
in this brief international year of the child
without springtime or songs or parents

anatole sí recuerda a la madre caída
no ha olvidado aquella sangre única
ni al padre escondiéndolos en la bañera
para salvarlos del oprobio y los tiros

pero ni colorin ni colorado
el cuento no se ha acabado

lo cierto es que montevideo y valparaíso
tienen más de un atributo en común
digamos la bruma y la nostalgia de los puertos
y esta oscura piedad en homenaje
al pobre año internacional del niño
que dentro de unos meses se termina

así pues no sería de extrañar
que antes de que culminen las celebraciones
y a fin de que la lástima sea simétrica
aparecieran en la plaza zabala
o en villa dolores o en el prado
dos pequeños chilenos desgajados del mundo
tomados de la mano y a la deriva
y una vez detectados por la onu
y por fotógrafos embajadas arzobispos
comprobadas las identidades y obtenido
el aval de burócratas y estados mayores
viniera a recogerlos algún abuelo
a fin de reintegrarlos a su valparaíso
que seguramente los habría de esperar
sin primavera sin canciones sin padres

pero ni colorín ni colorado
el cuento no se ha acabado

anatole remembers his fallen mother
he has not forgotten that precious blood
or his father hiding them away in the bathtub
to protect them from the horror and the shots

not happily ever after
this story's a disaster

what's certain is that montevideo and valparaíso
have more than one thing in common
such as the fog and nostalgia that surrounds their ports
and this dark piety in homage
to this pathetic international year of the child
that will be over in a few months

so it won't be a surprise
when before all the celebrations are wrapped up
so that our sadness can be symmetrical
two little chileans torn apart from the world
appear in Uruguay in the plaza zabala
or in villa dolores or on the prado
lost and holding hands
or that once discovered by the united nations
and by photographers embassies archbishops
and their identities confirmed and the approval
of bureaucrats and more important countries attained
some grandparent will come to pick them up
and take them home to valparaíso
that is surely waiting for them
without spring without songs without parents

not happily ever after
this story's a disaster

EL SILENCIO DEL MAR

y el silencio del mar, y el de su vida.

José Hierro

El silencio del mar
brama un juicio infinito
más concentrado que el de un cántaro
más implacable que dos gotas

ya acerque el horizonte o nos entregue
la muerte azul de las medusas
nuestras sospechas no lo dejan

el mar escucha como un sordo
es insensible como un dios
y sobrevive a los sobrevivientes

nunca sabré qué espero de él
ni qué conjuro deja en mis tobillos
pero cuando estos ojos se hartan de baldosas
y esperan entre el llano y las colinas
o en calles que se cierran en más calles
entonces sí me siento náufrago
y sólo el mar puede salvarme.

THE SILENCE OF THE SEA

and the silence of the sea, and of his life.
José Hierro

The silence of the sea
roars infinite reason
more dense than a jug
more implacable than two drops

come now to the horizon or give us
the blue death of the medusas
our suspicions won't leave you alone

the sea listens like a deaf man
it is indifferent like a god
and survives the survivors

I'll never quite know what I want from it
or what exorcisms it leaves in my ankles
but when these eyes grow tired of office floors
and wait between fields and hills
or streets that fade into other streets
then I really feel sunk
and only the sea can save me.

DESAPARECIDOS

Están en algún sitio / concertados
desconcertados / sordos
buscándose / buscándonos
bloqueados por los signos y las dudas
contemplando las verjas de las plazas
los timbres de las puertas / las viejas azoteas
ordenando sus sueños sus olvidos
quizá convalecientes de su muerte privada

nadie les ha explicado con certeza
si ya se fueron o si no
si son pancartas o temblores
sobrevivientes o responsos

ven pasar árboles y pájaros
e ignoran a qué sombra pertenecen

cuando empezaron a desaparecer
hace tres cinco siete ceremonias
a desaparecer como sin sangre
como sin rostro y sin motivo
vieron por la ventana de su ausencia
lo que quedaba atrás / ese andamiaje
de abrazos cielo y humo

cuando empezaron a desaparecer
como el oasis en los espejismos
a desaparecer sin últimas palabras
tenían en sus manos los trocitos
de cosas que querían

DESAPARECIDOS

They're somewhere / in solidarity
confused / muffled
searching for themselves / searching for us
blocked by signs and doubts
remembering the gates at the plazas
the door bells / the kooky old women
putting their dreams and mistakes in order
and maybe recovering from their private deaths

nobody's told them for sure
whether they're already gone or not
whether they are banners or tremors
survivors of prayers for the dead

they see trees and birds pass
and ignore the shadow around them

when they began to disappear
three or five or seven ceremonies ago
to disappear without a trace of blood
without a face or a reason
through the window of their absence they saw
what stayed behind / that structure
of embraces sky and smoke

when they began to disappear
like an oasis in a mirage
to disappear without goodbyes
they carried in their hands little bits
of the things they loved

están en algún sitio / nube o tumba
están en algún sitio / estoy seguro
allá en el sur del alma
es posible que hayan extraviado la brújula
y hoy vaguen preguntando preguntando
dónde carajo queda el buen amor
porque vienen del odio

they're somewhere / in the clouds or in a grave
they're somewhere / I'm certain
down there in the south of my heart
it's possible that they lost their compass
and are lying about today asking and asking
where the fuck they can find true love
when they come from so much hate

DETRÁS DEL HUMO

Detrás del humo estamos todos
saciados o anhelantes
diezmados o furtivos
los jóvenes que fuimos
y sorprendentemente ya no somos
los horizontes tan cercanos
los hombros que se encogen
la espiral que fue círculo
los por entonces libres
y hoy solamente dueños
los desafíos y la gracia
la sumisión y el descalabro
el primer territorio
libre de matemáticas
el espejismo de la lluvia
los anticuerpos de la pena
y aquel instante decisivo
la confortable dulce medianoche
o el riesgo de ser riesgo

en una u otra juventud
atardeceres como esponjas
esa baraja del amor
árboles como biombos
martirios en teoría
rostros que sin quererlo se dibujan
y nunca más pueden borrarse
pánicos que no eran
otra cosa que sueños
y sueños que no eran
otra cosa que sueños

BEHIND THE SMOKE

We're all behind the smoke
satisfied, or gasping for air
decimated, or hiding in fear
young, as we were
and, surprisingly, are not anymore
the horizons, so near
the shrugging shoulders
the spiral that was a circle
those who were free then
and who are just owners now
the defeat and the pleasure
the obedience and the loss
the first territory free
of mathematics
rain's illusion
the antibodies of shame
and that decisive instant
the middle of the night, comfortable and sweet
or the risk of being a risk

in some forgotten youth
afternoons like sponges
that deck of cards called love
trees like folding screens
theoretical torments
faces that draw themselves
and can never be erased
panic that was
nothing more than a dream
and dreams that were nothing
more than dreams

detrás del humo estamos todos
precisamente cuando
creíamos hallar
las huellas imposibles
el mensaje cifrado
la luna ojo de dios

en una u otra juventud
entonces no sabíamos
que eran tan distintas
que se trataba de una extraña
bifurcación   un tímido reparto
el garfio para algunos
para otros el guante
para unos pocos la mano desnuda

detrás del humo
todo está indócil todavía
tiene la turbiedad de lo pasado

detrás del humo queda el borrador
de todos los destinos
posibles
e imposibles

y pensándolo bien
asi imperfecta
a trazos
con erratas borrones tachaduras
así de exigua y frágil
así de impura y torpe
incanjeable y hermosa
está la vida

we're all behind the smoke
right when
we think we're discovering
impossible traces
the secret message
the mood, god's eye

in some forgotten youth
we didn't know, at the time
they were so different
that it was all about a strange
forking path   a timid distribution
a hook for some
a glove for others
and for a few, a naked hand

behind the smoke
everything's still so disobedient
it has the turbidity of the past

behind the smoke lies the eraser
of all possible
and impossible
destinies

and, after much thought
life—with all its imperfections
an outline
with errata erasures corrections
impure and obscene
unexchangeable and handsome—
is there

LA ACÚSTICA DE EPIDAUROS

> Si se da un golpe en Epidauros
> Se escucha más arriba, entre los árboles,
> En el aire.
>
> *Roberto Fernández Retamar*

Estuvimos en epidauros veinticinco años después que
      roberto
y también escuchamos desde las más altas graderías
el rasgueo del fósforo que allá abajo
encendía la guía la misma gordita
que entre templo y templete
entre adarme socrático y pizca de termópilas
había contado cómo niarchos se las arreglaba
para abonar apenas nueve mil dracmas
digamos unos trescientos dólares de impuesto por año
y con su joven énfasis nos había annunciado
ante el asombro de cinco porteños
expertos en citas de tato bores
la victoria próxima y segurísima del socialista papandreu

estuvimos pues en epidauros respirando el aire
      transparente y seco
y contemplando los profusos inmemoriales verdes
de los árboles que dieron y dan su espalda al teatro
y su rostro a la pálida hondonada
verdes y aire probablemente no demasiado ajenos
a los que contemplara y respirara polyclento el joven
cuando hacía sus cálculos de eternidad y enigma
y también yo bajé al centro mágico de la orquesta
para le luz me tomara la foto de rigor
en paraje de tan bienquista y sólida memoria
y desde allí quise probar la extraordinaria acústica
y pensé hola líber hola héctor hola raúl hola jaime

THE ACOUSTICS AT EPIDAURUS

> If you make a sound at Epidaurus
> It is heard higher, between the trees,
> In the air.
> *Roberto Fernández Retamar*

We were in epidaurus twenty-five years after
    roberto
and we too heard from the highest steps
the rasp of a match lit at the bottom
by the same fat little guide
who between the temple and the shrine
between an ounce of Socrates and a pinch of thermopylae
had explained to us how niarchos had fixed up these buildings
just to save nine thousand drachmas a year in taxes
or about three hundred dollars
and with her naïve enthusiasm she'd announced
to the surprise of five Buenos Aires tourists
who were given to quoting tato bores
the certain upcoming victory of papandreu the socialist

so there we were in epidaurus breathing
    the clear dry air
and contemplating the plentiful and age-old green hues
of the trees that turned and still turn their backs to the theater
and their faces to the pale ravine
the same hues and the same air that once perhaps
were contemplated and breathed by polycletus the younger
as he calculated eternity and deciphered enigmas
and I too went down into the magical center of the orchestra pit
so luz could take the obligatory photo of me
in a dignified pose for posterity
and from that spot I decided to test the extraordinary acoustics
and I thought to myself hello líber hello hector hello raúl hello jaime

bien despactico como quien rasguea un fósforo o arruga un boleto
 y así pude confirmar que la acústica era ópitima
ya que mis sigilosas salvas no sólo se escucharon en las graderías
sino más arriba en el aire con un solo pájaro
y atravesaron el peloponeso y el jónico y el tirreno
y el mediterráneo y el atlántico y la nostalgia
y por fin se colaron por entre los barrotes
como una brisa transparente y seca

gently, like someone who lights a match or crumples a map
and I was able to confirm that the acoustics were perfect
since my silent salutations were heard not just on the steps
but even higher, in the air where there was just one single bird
and they crossed the peloponnesian and the ionic and the tyrrhenian
and the mediterranean and the atlantic and my nostalgia
and finally slipped in secretly through the iron bars
like a clear and dry breeze

MAÑANA

Bendito seas río de mañana
futuro en que te abismas
vienen contigo esquirlas de infinito
aunque más breves cada día

y también el hechizo inquebrantable
la nostalgia a construir / la sobrevida
el vuelo de los pájaros que saben
la calma en que descansa la utopía

si me concentro no te veo
ni sé lo que anticipas
si me recluyo en mis escombros
nadie me librará de tanta ruina

ero si abro mis inviernos
de par en par al verde de tu orilla
aprenderé tal vez con las distancias
que separan tu fronda de la mía

bendito seas surco de mañana
con tu repetición de la fatiga /
desde una mano ancha y sembradora
te llegará el azar de la semilla

mañana de candor / bendito seas
futuro / por llegar a la deriva
sin preces ni condenas
ni justos a la vuelta de la esquina

MAÑANA

God bless you, river of tomorrow
and the future where you're hiding
you bring with you splinters of infinity
although shorter each day

and also the irrevocable enchantment
the nostalgia to construct / survival
the flight of the birds that know
the way utopia rests

if I concentrate I can't see you
or understand what you await
if I seclude myself in my debris
there'll be no one to extricate me from such ruins

but if I open up my winters
wide open to the green of your shore
I'll learn, perhaps from the distances
that separate my leaves from yours

god bless you, furrow of tomorrow
with your repetition of fatigue /
from one wide, sowing hand
you'll fulfill the seed's hope

morning of candor / god bless you
the future / to get to the point
without prayers or supplications
or justice around the corner

estás aquí futuro / hay que ampararte
los emboscados en la amanecida
quieren acribillarte desde el miedo
dejarte sin enigmas

bendito seas leño del augurio
mañana / al convertirte en tu ceniza
aceptarás las cifras de la muerte
como una condición de la armonía

future, you are here / we must protect you
those hidden in the daybreak
are waiting to riddle you with fear,
and leave you without enigmas

god bless you, vessel of augury
tomorrow / after turning into ash
you'll accept the misery of death
as a condition of harmony

IL CUORE

Ya nadie graba
en las paredes
en los troncos
    luis y maría
        raquel y carlos
           marta y alfonso
 junto a dos corazones
enlazados

ahora las parejas
leen esas vetustas
incómodas ternuras
en las paredes
en los troncos
y comentan
    qué ñoños
antes de separarse
para siempre

IL COURE

These days nobody carves
on walls
or on tree-trunks
    luis + maría
        raquel + carlos
            marta + alfonso
next to two joined
hearts

today couples read
those ancient
and bothersome inscriptions
on walls
or on tree trunks
and say
    how silly
before they part
forever

TORMENTA

Un perro ladra en la tormenta
y su aullido me alcanza entre relámpagos
y al son de los postigos en la lluvia

yo sé lo que convoca noche adentro
esa clamante voz en la casona
tal vez deshabitada

dice sumariamente el desconcierto
la soledad sin vueltas
un miedo irracional que no se aviene
a enmudecer en paz

y tanto lo comprendo
a oscuras / sin mi sombra
incrustado en mi pánico
pobre anfitrión sin huéspedes

que me pongo a ladrar en la tormenta

STORM

A dog barks in the storm
between lightning flashes his howling reaches me
with the rhythm of the shutters in the rain

I know what that cry announces
out in that night, in the enormous house
that's probably empty

summarily it says confusion
hopeless solitude
irrational fears that won't agree
to be silenced peacefully

and I understand it so well
in the darkness / without my shadow
encrusted in my terror
like a pathetic host without any guests

that I start to bark in the storm

OTHERNESS

Siempre me aconsejaron que escribiera distinto
que no sintiera emoción sino *pathos*
que mi cristal no fuera transparente
sino prolijamente esmerilado
y sobre todo que si hablaba del mar
no nombrara la sal

siempre me aconsejaron que fuera otro
y hasta me sugirieron que tenía
notorias cualidades para serlo
por eso mi futuro estaba en la otredad

el único problema ha sido siempre
mi tozudez congénita
neciamente no quería ser otro
por lo tanto continué siendo el mismo

otrosí digo / me enseñaron
después que la verdad
era más bien tediosa
el amor / cursi y combustible
la decencia / bastarda y obsoleta

siempre me instaron a que fuera otro
pero mi terquedad es infinita

creo además que si algún día
me propusiera ser asiduamente otro
se notaría tanto la impostura
que podría morir de falso crup
o falsa alarma u otras falsías

OTHERNESS

They always advised me to write differently
not to feel emotion but pathos instead
not to have such a transparent window
but an elaborately frosted one instead
and above all when writing about the sea
not to mention the salt

they always advised me to become someone else
and they even suggested to me that I had
the talent to pull it off
and so my future lay in otherness

the only problem has always been
my congenital stubbornness
I foolishly didn't want to be someone else
and so I kept on being myself

furthermore I'll say / they taught me
later that the truth
was really tedious
love / sappy and volatile
decency / bastard and obsolete

they always urged me to be someone else
but my obstinacy has no limits

moreover I think that if one day
I pretended to be someone else
it would be so obvious
that you might die from a farce croup
or a false alarm or some other falseness

es posible asimismo que esos buenos propósitos
sean sólo larvadas formas del desamor
ya que exigir a otro que sea otro
en verdad es negarle su otredad más genuina
como es la ilusión de sentirse uno mismo

siempre me aconsejaron que escribiera distinto
pero he decidido desalentar / humilde
y cautelosamente a mis mentores

en consecuencia seguiré escribiendo
igual a mí o sea
de un modo obvio irónico terrestre
rutinario tristón desangelado
(por otros adjetivos se ruega consultar
críticas de los últimos treinta años)
y eso tal vez ocurra porque no sé ser otro
que ese otro que soy para los otros

likewise it's possible that these good ideas
are just latent forms of loneliness
since asking someone else to be someone else
is in fact to deny them their most genuine otherness
which is the illusion of feeling like oneself

they always advised me to write differently
but I've decided to discourage / my mentors
humbly and cautiously

and so I'm going to keep on writing
just like me or in other words
in a manner that's obviously terrestrial
routine foolish charmless
(for other adjectives, please see
reviews from the past thirty years)
and maybe that's because I don't know how to be
anyone but that someone I am for everyone else

SOMOS LA CATÁSTROFE

> La labor de los intelectuales de América
> Latina ha sido, en general, catastrófica
> *Octavio Paz*

> Hay una dignidad que el vencedor no
> puede alcanzar
> *Jorge Luis Borges*

Dice octavio que en latinoamérica
los intelectuales somos la catástrofe
entre otras cosas porque defendemos
las revoluciones que a él no le gustan

somos la catástrofe asimismo
porque hemos sido derrotados
pero ¿no es raro que octavio ignore
que la verdad no siempre está
del lado de los victoriosos?

de cualquier manera
ya que con la derrota aprendimos la vida
exprimamos la memoria como un limón
quedémonos sin ángeles ni demonios
solos como la luna en el crepúsculo

desde paco pizarro y hernán cortés
hasta los ávidos de hogaño
nos han acostumbrado a la derrota
pero de la flaqueza habrá que sacar fuerzas
a fin de no humillarnos / no humillarnos
más de lo que permite el evangelio
que ya es bastante

WE'RE THE CATASTROPHE

> The labor of intellectuals in Latin America
> has been, in large part, a catastrophe.
> *Octavio Paz*

> There is a certain dignity that the conqueror
> cannot attain.
> *Jorge Luis Borges*

Octavio says that in Latin America
we intellectuals are the catastrophe
because, among other reasons, we defend
some revolutions he doesn't like

we're the catastrophe just the same
because we've been defeated
but isn't it strange that Octavio doesn't realize
that the truth isn't always on
the side of the victorious?

at any rate
since we learn about life through defeat
let's squeeze out our memory like a lemon
and remain without angels or demons
alone, just like the moon at twilight

from paco pizarro and hernán cortés
to the most avid ones of this age
they've accustomed us to defeat
but we'll have to bring strength out of weakness
so we won't humiliate ourselves / we won't humiliate ourselves
more than the gospels allow
which is already quite a lot

para bien o para mal no es imposible
que los veteranos del naufragio
sobrevivamos como tantas veces
y como tantas veces empecemos
desde cero o desde menos cuatro

es casi una rutina

los derrotados mantenemos la victoria
como utopía más o menos practicable
pero una victoria que no pierda el turno
de la huesuda escuálida conciencia

los vencidos concebimos el milagro,
como quimera de ocasión
pero siempre y cuando sea un milagro
que no nos cubra de vergüenza histórica
o simplemente de vergüenza

for better or for worse, it won't be impossible
for us, the veterans of this disaster
to survive as so many times before
and, as so many times before, to start over
from zero or minus four

it's almost a routine

we, the defeated, keep on living the victory
like a more or less feasible utopia
and a victory that won't lose its turn
for the bony, squalid conscience

we, the conquered, manage to make miracles,
every once in a while on a whim
but whenever it's really a miracle
let's not be overwhelmed with historic shame
or just plain shame

LAS SOLEDADES DE BABEL

La soledad es nuestra propiedad más privada
viejo rito de fuegos malabares
en ella nos movemos e inventamos paredes
con espejos de los que siempre huimos

la soledad es tiempo / veloz o detenido /
reflexiones de noria / espirales de humo /
con amores *in vitro* / desamores *in pectore* /
y repaso metódico de la buena lujuria

la soledad es noche con los ojos abiertos
esbozo de futuro que escondió la memoria
desazones de héroe encerrado en su pánico
y un sentido de culpa / jubilado de olvido

es la tibia conciencia de cómo deberían
haber sido los cruces de la vida y la muerte
y también el rescate de los breves chispazos
nacidos del encuentro de la muerte y la vida

la soledad se sabe sola en mundo de solos
y se pregunta a veces por otras soledades
no como via crucis entre ánimo y ánima
más bien con interés entomológico

todavía hace un tiempo / en rigor no hace tanto
las soledades / solas / cada una en su hueco
hablaban una sola deshilachada lengua
que en los momentos claves les servía de puente

THE SOLITUDES OF BABEL

Solitude is our most personal possession,
an old rite of juggling torches,
in its space we move, we invent walls
with the sort of mirrors we always avoid

solitude is time / swift or paused /
reflections in a deep well / spirals of smoke /
with *in vitro* loves / *in pectore* disaffections /
and a methodical review of its good luxury

solitude is a night with open eyes
an outline of the future that memory's hidden away
the restlessness of a hero confined in his own panic
and a feeling of guilt / retired from oblivion

it is the meek conscience of how the crossroads
of life and death should have been
and also ransom of the sparks
born from the clash of life and death

solitude is solely understood in the world of the solely alone
and sometimes one of them asks about other solitudes
not as signs of the cross between mind and spirit
but rather with an entomological interest in mind

still, a while ago / not too long ago, to be precise
solitudes / alone / each one in its hole
they spoke only one worn-out language
that served as a bridge during tricky moments

o también una mano una señal un beso
acercaban al solo la soledad contigua
y una red solidaria de solos conectaba
las geografías y las esperanzas

en el amor y el tango los solos se abrazaban
y como era de todos el idioma del mundo
podían compartir la tristeza y el goce
y hasta se convencían de que no estaban solos

pero algo ha cambiado / está cambiando
cada solo estrenó su nueva cueva
nuevo juego de llaves y candados
y de paso el dialecto de uno solo

ahora cuando bailan los solos y las solas
ya no se enlazan / guardan su distancia
en el amor se abrazan pero piensan
en otro abrazo / el de sus soledades

las soledades de babel ignoran
qué soledades rozan su costado
nunca sabrán de quién es el proyecto
de la torre de espanto que construyen

así / diseminados pero juntos
cercanos pero ajenos / solos codo con codo
cada uno en su burbuja / insolidarios
envejecen mezquinos como islotes

y aunque siga la torre cielo arriba
en busca de ese pobre dios de siempre
ellos se desmoronan sin saberlo
soledades abajo/ sueño abajo

or a hand a sign or a kiss
would bring adjacent solitudes to the alone
and a net of solidary solitude would connect
geography and hope

the lonely would embrace each other in tangos, or in love
and since the language of the earth belonged to all,
they could share sadness and fun
and even convince themselves they weren't lonely

but something's changed / something's changing
each of the lonely ones has grown into a new cave
a new game of locks and keys
and gradually, the dialect of oneself

now, when the lonely dance
they are not joined / they keep a distance
in love, they embrace but dream all the while
of another embrace / the embrace of their solitudes

the solitudes of Babel don't know
what solitudes they rub elbows with
they'll never know who thought up
the hideous tower they're constructing

and so / disseminated but together
near but far away / alone, shoulder to shoulder
each in their tiny bubble / separated
they grow small, old, and miserable, like tiny islands

and although the tower keeps rising up towards the sky,
they're searching for the same poor god,
they're actually crumbling without knowing it
fallen solitudes / fallen dreams

SOBREVIVIENTES

Cuando en un accidente
una explosión
un terremoto
un atentado
se salvan cuatro o cinco
creemos
      insensatos
que derrotamos a la muerte

pero la muerte nunca
se impacienta
seguramente porque
sabe mejor que nadie
que los sobrevivientes
también mueren

SURVIVORS

When three or four people are saved
in an accident
an explosion
an earthquake
or an assassination attempt
we think
        stupidly
that we've defeated death

but death never
gets impatient
surely because
it knows better than anyone
that survivors
die too

UTOPÍAS

Cómo voy a creer / dijo el fulano
que el mundo se quedó sin utopías

cómo voy a creer
que la esperanza es un olvido
o que el placer una tristeza

cómo voy a creer / dijo el fulano
que el universo es una ruina
aunque lo sea
o que la muerte es el silencio
aunque lo sea

cómo voy a creer
que el horizonte es la frontera
que el mar es nadie
que la noche es nada

cómo voy a creer / dijo el fulano
que tu cuerpo / mengana
no es algo más de lo que palpo
o que tu amor
ese remoto amor que me destinas
no es el desnudo de tus ojos
la parsimonia de tus manos

cómo voy a creer / mengana austral
que sos tan sólo lo que miro
acaricio o penetro

UTOPIAS

How can I believe / said the guy
that there are no utopias left

how can I believe
that hope is a memory
or pleasure just something sad

how can I believe / said the guy
that the universe is in ruins
even though it's true
or that death is silence
even though it's true

how can I believe
that the horizon is the border
that the sea is nobody
that the night is nothing

how can I believe / said the guy
that your body / girl
is nothing more than what I can touch
or that your love
that distant love you're saving for me
isn't the nakedness of your eyes
or the calmness of your hands

how can I believe / austral girl
that you're only what I see
or caress or penetrate

cómo voy a creer / dijo el fulano
que la utopía ya no existe
si vos / mengana dulce
osada / eterna
si vos / sos mi utopía

how can I believe / said the guy
that utopia doesn't exist anymore
if you / sweet girl
audacious / eternal
if you / are my utopia

PÁJAROS

Hace ya varios siglos
que pájaros ilustres sobrevuelan
los predios de la vasta poesía

la golondrina el ruiseñor la alondra
la calandria el jilguero el picaflor
el cuervo la oropéndola
y por supuesto el ave fénix
han sido conyocados por poetas
para poblar sus bosques
ornamentar sus cielos
y rellenar metáforas

yo aquí rompo una lanza
por los discriminados / los que nunca
o pocas veces comparecen
los pobres pajaritos del olvido
que también están llenos de memoria

por eso aquí propongo
al canario el gorrión el tordo el mirlo
la viuda el estomino el cardenal
la tórtola la urraca el hortelano
el martín pescador el benteveo
para que alguna vez entren al verso
aunque tan sólo sea / como en esta ocasión
por la modesta puerta de servicio

BIRDS

For several centuries
famous birds have flown over
the vast fields of poetry

the swallow the nightingale the lark
the skylark the linnet the hummingbird
the raven the golden oriole
and of course the phoenix
have all been invited by poets
to populate their forests
decorate their skies
and stuff their metaphors

I'm going to stick my neck out here
for discriminated birds / those that never
or only rarely make an appearance
those poor forgotten birds
that are full of memory

and so here I write
the canary the sparrow the thrush the blackbird
the widow the starling the cardinal
the turtledove the magpie the gardener
the kingfisher the king-bird
so that they can make their way into poetry at least this once
even if it's just / as on this occasion
through the back door

BURBUJA

En el silencio universal
por compacto que sea
siempre se escucha el llanto
de un niño
en su burbuja

BUBBLE

In the silence of the universe
as small as it may be
you can always hear the cry
of a child
in his bubble

POCAS COSAS

En este mundo hay tan poquitas cosas
capaces de endulzarle a uno la vida /
digamos la esperanza amanecida
o la lluvia que brilla en las baldosas

me gusta la constancia de las rosas
que nunca dan su espina por perdida
y también la tristeza repetida
de las palmas tan solas y orgullosas

pero no hay nada tan profundo y leve
como el alma y el vértigo y los labios
de esa mujer que al verla nos conmueve

para ser alguien entre cielo y suelo
y salvarse del odio y sus resabios
nada como el amor y su consuelo

FEW THINGS

In this world there are so few things
that can make life sweet /
of course there's the dawn of hope
or rain that glistens on the streets

I like the constancy of roses
that refuse to give up their thorns
and likewise the repeated sadness
of palm trees alone and proud

but there isn't anything as profound and trivial
as the spirit and joy and lips
of that woman who inspires us at first sight

to be a greater person
and escape hate and its bad habits
nothing like love and its consolations

MASS MEDIA

De los medios de comunicación
en este mundo tan codificado
con internet y otras navegaciones
yo sigo prefiriendo
el viejo beso artesanal
que desde siempre comunica tanto

MASS MEDIA

Of all the forms of communication
in this too-codified world
of the internet and other navigations
I still prefer
old-fashioned well-crafted kisses
that have always communicated so much

SOLILOQUIO DEL DESAPARECIDO

Sin esperanza y sin alarmas
no sé si voy o permanezco
en esta niebla que me aísla
sin odio ni misericordia

todo lo ignoro del crepúsculo
esa guirnalda de imposibles
vengo de ahogos y estropajos
antes estaba / ya no estoy

sé que he dejado de escaparme y
a no respondo a nadie / a nada
he dicho no como un tañido
como un fragor como un repique

ahora estoy solo y sin hambre
me siento ingrávido y sin sed
no tengo huesos ni bisagras
no tengo ganas ni desgana

podría ser un esperpento
un trozo de alma / un alma entera
los muebles viejos y las calles
el bosque y todos los espejos
en un instante se esfumaron
o se inhumaron / ya no cuentan

sólo la luna se mantiene
casi al alcance de la mano
pero también perdí las manos
y las mandíbulas y el sexo

SOLILOQUY OF THE DESAPARECIDO

Without hope and without surprises
I don't know if I'm coming or going
in this mist that isolates me
without hate or pity

I know nothing about the dawn
that wreath of impossibilities
I come from anguish and scorn
I used to be / and I'm not anymore

I've given up trying to escape
I don't respond to anyone / to anything
I have said no like the din of bells,
like a clamor like a chime

now I'm alone I don't feel hungry
I feel crippled and I'm not thirsty
don't have bones or joints
I have no likes or dislikes

I am like an aberration
or a piece of a soul / a whole soul
the furniture and the streets
the forest and the mirrors
disappeared in an instant
or were buried / I don't have them anymore

only the moon remains
almost within reach of my hands
but I lost my hands too
and my jawbone and my penis

los rostros son apariciones
pasan y no hablan / hay algunos
que lloran con los labios secos
otros añoran a ojos vistas

tengo una duda medianera
entre lo real y lo soñado
he sido sueño tantas veces
que no me ubico en este insomnio

tuve una madre / de sus pechos
extraje vida o lo que fuese
¿cuál era el nombre? sólo sé
que anda con un pañuelo blanco

amé un amor / pero ella estuvo
porfiada / loca / tan hermosa
 diciendo no como un rebato
como un temblor / como una queja

¿será esta niebla el infinito?
el infinito ¿será dios?
¿será que dios no se perdona
habernos hecho tan inermes?

no floto a ciegas / el espacio
tiene amarguras serviciales
pero no voy a padecerme /
el dolor viejo ya no es mío

cierto poeta / no sé quién
sopló en mi oído para siempre
dijo/ ya va a venir el día
y dijo / ponte el cuerpo / creo

faces are ghosts
they pass by and don't speak / some
cry shallow tears
others only want to be seen

I have a doubt that separates
what's real from what I dream
I've been a dream so many times
that I can't quite place myself in this insomnia

I had a mother / from her breast
I extracted life or whatever it was
what was her name? I only know
that she always wears a white scarf over her head

I loved a woman / but she was
stubborn / crazy / so beautiful
when she cried no's that sounded like a call to arms
like a tremor / like a groan

is this mist infinity?
is infinity god?
could it be that god doesn't forgive
our defenselessness?

I don't float blindly / space
has a helpful bitterness
but I'm not going to suffer /
that old grief isn't mine anymore

a certain poet / don't remember who
whispered forever in my ear
he said / the day soon will come
and he said / get your body ready / I think

que existe un solo inconveniente
no tengo cuerpo que ponerme
no tengo madre ni mujer
no tengo pájaros ni perro

es la vacía soledad
solo sin llave y sin barrotes
solo expulsado de la vida
solo sin víspera de abrazos

podría ser un esperpento
un trozo de alma / un alma entera
 pero se va neutra la niebla
y se suspende la alborada

hay manos tiernas en que estuve
hay llantos en la lejanía
voces que alzan siete signos
que fueron letras de mi nombre

no sé qué hice / si es que hice

en la memoria falta un río
faltan afluentes / hay apenas
un arroyito que es de sangre

todo se borra / por lo pronto
me desvanezco / vuelvo al limbo

así / sin más / desaparecen
algunos desaparecidos

there's just one problem
I don't have a body to get ready
I don't have a mother or a wife
I don't have birds or dogs

all I have is empty solitude where I am
alone without a key and without bars
alone thrown out of society
alone without the eve of embraces

I am like an aberration
or a piece of a soul / a whole soul
but the mist is indifferent
the dawn is suspended

there are gentle hands I once held
there are cries in the distance
voices that cry the seven signs
that were the letters of my name

I don't know what I did / if I did anything

in my memory a river is missing
along with its tributaries / there is barely
a brook and it flows with blood

everything has been erased / soon
I will vanish / I will return to limbo

that's the way / without further ado / disappeared persons
disappear

CHE 1997

Lo han cubierto de afiches / de pancartas
de voces en los muros
de agravios retroactivos
de honores a destiempo

lo han transformado en pieza de consumo
en memoria trivial
en ayer sin retorno
en rabia embalsamada

han decidido usarlo como epílogo
como última thule de la inocencia vana
como añejo arquetipo de santo o satanás

y quizás han resuelto que la única forma
de desprenderse de él
o dejarlo al garete
es vaciarlo de lumbre
convertirlo en un héroe
de mármol o de yeso
y por lo tanto inmóvil
o mejor como mito
o silueta o fantasma
del pasado pisado

sin embargo los ojos incerrables del che
miran como si no pudieran no mirar
asombrados tal vez de que el mundo no entienda
que trienta años después sigue bregando
dulce y tenaz por la dicha del hombre

CHE 1997

They have covered him with posters / with placards
with voices on walls
with retroactive offenses
with honors that come too late

they have transformed him into a product
a trivial memory
a distant yesterday
a well-embalmed sense of rage

they have decided to use him as an epilogue
as the last gasp of useless innocence
as an aged archetype of a saint or satan

and perhaps they've discovered that the only way
to get rid of him
or let him fade away
is to suck the light out of him
make him into a marble
or plaster hero
which is to say motionless
like a myth
or silhouette or ghost
from the past

and yet che's unclosable eyes
keep staring at us as if they couldn't stop
maybe they're surprised that the world doesn't understand
that thirty years later he still fights
caringly and bravely for the joy of mankind

EL LUGAR DEL CRIMEN

A pesar de psicólogos /
detectives / novelistas ingleses /
los asesinos en su mayoría
no vuelven al lugar del crimen
huyen por lo común despavoridos
en búsqueda de indultos
olvidos y fronteras
y cuando al fin suponen
que se encuentran a salvo
y consiguen un lecho
con mujer o sin ella
cierran los ojos sobre su fatiga
y penetran incautos en el sueño refugio

la sorpresa es que allí nunca hubo indultos
ni dispensas ni olvido ni fronteras
y de pronto se hallan
con que el lugar del crimen
los espera implacable
en el vedado de sus pesadillas

THE SCENE OF THE CRIME

Despite what psychologists /
detectives / and english novelists / say
most murderers
don't return to the scene of the crime
most of them are terrified and escape
in search of forgiveness
and a place where they can forget
and when they finally think
they're safe
and they've found a bed
with or without a woman
they close their eyes on their fatigue
and dive recklessly into the refuge of their dreams

the surprise is that there was never any forgiveness
or pardons or forgetting or borders in that place
and soon they discover
that the scene of the crime
awaits them patiently
in the privacy of their nightmares

TAMPOCO

Nadie lo sabe
nadie

ni el río
ni la calle
ni el tiempo

ni el espía
ni el poder
ni el mendigo

ni el juez
ni el labriego
ni el papa

nadie lo sabe
nadie

yo tampoco

NEITHER

Nobody understands
absolutely nobody

not the river
not the street
not time

not the spy
not power
not the beggar

not the judge
not the worker
not the pope

nobody understands
absolutely nobody

me neither

CHILDREN

En el mundo no abundan los que matan
con tanta puntería y odio inútil
con tanto automatismo y desapego
como los niños norteamericanos
tribu de ángeles que prolifera
en la basura de la democracia

niños que ya son viejos de tan viles
gozan en su taller de sangre usada
ya no saben llorar ni andar descalzos
su corazón candente los empuja
a matar a matar como los grandes
pero ignorando siempre por qué matan

los pájaros a veces les preguntan
por qué razón acaban con los niños
y entonces no vacilan / matan pájaros /
las estrellas también se lo preguntan
y tampoco vacilan / les apuntan
pero ellas fulgen demasiado lejos

CHILDREN

In the world there is no abundance of those who kill
so mechanically and so coolly
with the good aim and useless hatred
of American children
that tribe of angels that proliferates
in the garbage bin of democracy

these children that have aged from being so vile
play in their workshop of spilled blood
they don't know how to cry or run barefoot
their burning hearts push them
to kill and kill like grown-ups
without knowing why they do it

and sometimes the birds ask them
why they do away with other children
but then they don't hesitate / they kill the birds /
the stars ask them the same thing
and they still don't hesitate / they take aim
but the stars shine too far away

DE LA DERROTA

Aquellos que vienen de la derrota
guardan en el fondo cierta ufanía
tal vez porque serenamente escogen
ser derrotados antes que corruptos

los sobornos arañan la conciencia
como testigo el cielo encapotado
en tanto que la lengua juega sucio
y hace promesas que son espejismos

aquellos que vienen de la derrota
con ojos apenados y sedientos
saben cómo espantar los menosprecios
y los anuncios y los ecos falsos

la derrota suele ser de madera
noble como las viejas salvaciones
nos sentimos como un recién nacido
en la limpieza de la vida triste

FROM DEFEAT

Those who come from defeat
retain a certain profound sense of pride
perhaps because they have calmly chosen
defeat over corruption

bribes scrape away the conscience
the cloudy sky is a witness
insofar as the tongue plays dirty
and makes promises that are illusions

those who come from defeat
with saddened and thirsty eyes
know how to scare away scorn
and advertisements and false echoes

defeat is often like wood,
noble like old salvations
and we feel like newborns
in the purity of a sad life

EL MUNDO QUE RESPIRO

1

El mundo que respiro
huele a basura fértil
a memoria de incienso
a nafta y a macdonald

el aire llega mustio
sin nadie que lo sople
sin ingenios en flor
ni ráfagas de tango

o ni siquiera llega
entonces respiramos
la bocanada oscura
del tiempo transcurrido

por sus lentas razones
por su falsa alegría
el mundo que respiro
es ceniciento y lánguido

2

El mundo que respiro
es de nadie / es de todos
me ahoga o me libera
me exige / me conmina
me agobia con noticias
con odios / con ternura

THE WORLD I BREATHE

1

The world I breathe
smells like fresh garbage
like the memory of incense
like nafta and mcdonald's

the air is already withered
and no one had to blow it
it comes without flowered ingenuity
or gusts of tangos

or it doesn't come at all
in which case we breathe
the dark mouthful
of time's passing

with its slow reasons
and its false joy
the world I breathe
is ashen and listless

2

The world I breathe
belongs to no one / it's everyone's
it drowns me or liberates me
it makes demands of me / it threatens me
overwhelms me with information
with hate / with sweetness

el mundo que respiro
trae provocaciones
indultos y milagros
me llena los pulmones
de ráfagas que ignoro
pero nunca es el mismo

el mundo que respiro
tiene quejas de mártires
mensajes de suicidas
explosiones de júbilo
y no obstante no obstante
vivo porque respiro

the world I breathe
brings provocations
pardons and miracles
it fills my lungs
with gusts that I ignore
but it's never the same

the world I breathe
has martyred complaints
messages of suicides
explosions of joy
and nevertheless nevertheless
I live because I breathe

CIERRE

Es el final de un libro como todos
último río arriba o bien penúltimo aquí
dejo creíbles lontananzas
que todavía usan mi paisaje
dejo hogueritas con ceniza azul
y también rostros mal y bien dormidos
probablemente dejo poco o nada
como en una parodia de historieta

en un poema uno da su vida
y asimismo un poquito de su muerte
el sentimiento pasa / deja huellas
y no para los otros malvenidos
sino para uno mismo / es necesario
saber qué alrededores y senderos
nos pertenecen o pertenecieron
ya no importa que el verso sea pobre
con heridas terrestres o piadosas
ni que nos pongan odios diminutos
debajo de la almohada sorprendida

es el final de un libro que se hizo
con ansiedades a tristeza abierta
y con convalecientes utopías
dilemas entre el frío y la humildad
y el nacimiento de los entusiasmos
tal vez con la alegría inesperada
que apareció en el filo del amor

si bien se mira es / después de todo /
sólo una crónica de franjas mínimas
que en su momento fueron esenciales

CLOSING

This is the end of a book like any other
the last swim upstream, maybe the next-to-last
I've left some believable distances here
that still make use of my scenery
I've left tiny bonfires, blue ashes
and well- and badly-rested faces
in the end I've probably not left much at all
like a comic strip parody

you give a piece of your life in a poem
and likewise you give a piece of your death
the feeling passes / leaves its traces
and not for the other ill-intentioned ones
but for you yourself / it's important
to know what surroundings and what paths
belong to us or belonged to us
poetry doesn't have to be poor anymore,
wounded by pious or earthly injuries
and it doesn't matter if it plants
tiny hates under our surprised pillow

this is the end of a book that was made
with anxieties and unveiled sadness
and with convalescent utopias
dilemmas between humility and the cold
and the birth of enthusiasms
that appeared perhaps with unexpected joy
on the edge of love

if you really look at it / in spite of everything
it's the story of small fringes
that were essential at the time

MARIO BENEDETTI was born in 1920 in Uruguay. After the coup d'etat of June 2, 1973, his work was banned in Uruguay until the return of civilian government in 1985 . From 1973 to 1985, he lived in exile for various periods in Argentina, Peru, Cuba, and Spain. Writing from exile, he was able to inform the world about the tragic events in his own country and to gain international recognition. Today, his more than fifty books of poetry, fiction, essays, and drama are known not only in Uruguay, but around the globe. Two of his novels have been published in English: *The Truce* (New York, 1969) and *Juan Ángel's Birthday* (Amherst, Mass., 1974). His collection of short stories, *Blood Pact*, was published by Curbstone in 1997.

CHARLES HATFIELD grew up in Oklahoma and graduated from the University of Toronto in 2000. He was a Fellow of the American Literary Translators Association (ALTA) in 2000 and is currently Gilman Fellow in the Department of Romance Languages and Literatures at The Johns Hopkins University. His bilingual anthology of the poetry of Miguel Barnet, *When Night Is Darkest: Selected Poems,* was published by Editorial José Martí in Cuba in 2002. He lives in Baltimore.

CURBSTONE PRESS, INC.

is a non-profit publishing house dedicated to literature that reflects a commitment to social change, with an emphasis on contemporary writing from Latino, Latin American and Vietnamese cultures. Curbstone presents writers who give voice to the unheard in a language that goes beyond denunciation to celebrate, honor and teach. Curbstone builds bridges between its writers and the public – from inner-city to rural areas, colleges to community centers, children to adults. Curbstone seeks out the highest
aes'   ıltural

This   ısuring
that   ʔm. To
                                                                        to
arra   ıchool
an   ʔrved
au   ınity
pro§   ı these

C   rt of
indiʋ   reader,
worl   a place
in   their
book   ʔ many
ii   ʰis
enc   n the
Art   ıphne

F¢   ord
                                                                        r.
M   iety

Ple   and
vie   ıade

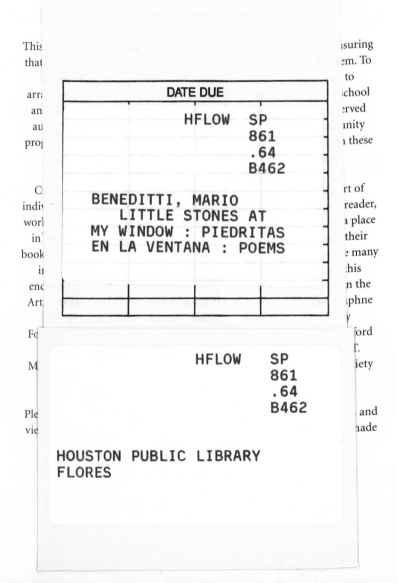